Coordenação editorial
Adriana Cavalcante

O PODER DA
INTELIGÊNCIA
EMOCIONAL

Aprenda a lidar com as emoções e influenciar
sua vida pessoal e profissional

© LITERARE BOOKS INTERNATIONAL LTDA, 2024.
Todos os direitos desta edição são reservados à Literare Books International Ltda.

PRESIDENTE DO CONSELHO
Maurício Sita

PRESIDENTE
Alessandra Ksenhuck

VICE-PRESIDENTES
Julyana Rosa e Claudia Pires

DIRETORA DE PROJETOS
Gleide Santos

EDITOR
Enrico Giglio de Oliveira

ASSISTENTE EDITORIAL
Felipe de Camargo Benedito e Júlia Almeida

REVISORES
Daniela Braz e Gabriele Lima

CAPA E DESIGN EDITORIAL
Lucas Yamauchi

DIAGRAMAÇÃO
Alexandre Alex Alves

IMPRESSÃO
Vox

```
Dados Internacionais de Catalogação na Publicação (CIP)
              (eDOC BRASIL, Belo Horizonte/MG)

           Cavalcante, Adriana.
C376p         O poder da inteligência emocional / Adriana Cavalcante. – São
           Paulo, SP: Literare Books International, 2024.
              264 p. : 16 x 23 cm

              Inclui bibliografia
              ISBN 978-65-5922-854-6

              1. Autoconhecimento. 2. Psicologia. 3. Inteligência emocional.
           I. Título.
                                                        CDD 158.1

           Elaborado por Maurício Amormino Júnior – CRB6/2422
```

LITERARE BOOKS INTERNATIONAL LTDA.
Rua Alameda dos Guatás, 102
Vila da Saúde — São Paulo, SP. CEP 04053-040
+55 11 2659-0968 | www.literarebooks.com.br
contato@literarebooks.com.br

SUMÁRIO

03   PREFÁCIO
Renata Giovinazzo Spers

09   INTELIGÊNCIA EMOCIONAL E GESTÃO DE CARREIRA
Adriana Cavalcante

17   LIDERANÇA HUMANIZADA E INTELIGÊNCIA EMOCIONAL:
O BINÔMIO QUE IMPACTA AS EQUIPES NO SERVIÇO PÚBLICO
Aline Vasconcelos

27   O PODER DA INTELIGÊNCIA EMOCIONAL PARA A CORAGEM NA LIDERANÇA
Amanda Rocha

33   INTELIGÊNCIA EMOCIONAL NA ATIVIDADE EMPRESARIAL
Ana Albuquerque

43   A INTELIGÊNCIA EMOCIONAL NO CONTEXTO DAS EMPRESAS FAMILIARES
Camila Costa

53   A INTELIGÊNCIA EMOCIONAL NA VIDA
Caroline Herrera

61   O RACIONAL E O EMOCIONAL NAS SOCIEDADES CONTEMPORÂNEAS
Cidinho Marques

69   O PODER DA INTELIGÊNCIA EMOCIONAL NA CONSTRUÇÃO DE UMA
LIDERANÇA HUMANIZADA
Cinara Casal

77	COMO UTILIZAR A INTELIGÊNCIA EMOCIONAL DIANTE DOS DESAFIOS DA EDUCAÇÃO NA ATUALIDADE **Denise Martins**
85	INTELIGÊNCIA EMOCIONAL NA ADVOCACIA **Domingos Sávio Zainaghi**
95	LIDERANÇA EFICAZ DESVENDANDO O POTENCIAL MÁXIMO COM INTELIGÊNCIA EMOCIONAL **Evandro Parizotto**
103	A SINERGIA ENTRE INTELIGÊNCIA ARTIFICIAL E INTELIGÊNCIA EMOCIONAL **Fernando Carvalho Lima**
111	AFINAL, O QUE É A INTELIGÊNCIA EMOCIONAL? UMA ABORDAGEM DA FILOSOFIA DA LINGUAGEM **Jacson Andrade**
119	CARREIRA, CAOS E EMOÇÕES **Janaina Rost**
127	INTELIGÊNCIA EMOCIONAL: O RECONHECIMENTO DAS EMOÇÕES COMO CAMINHO PARA A AUTOCONSCIÊNCIA **Josiany Macedo**
135	A INTELIGÊNCIA EMOCIONAL COM A SABEDORIA DE DEUS **Júnior Moreno**
141	O CAMINHO PARA UMA VIDA SIGNIFICATIVA **Larissa Sousa**
151	OS 12 ARQUÉTIPOS DA INTELIGÊNCIA EMOCIONAL NA DESCONSTRUÇÃO DAS RELAÇÕES TÓXICAS **Lilian Guedes**
163	ADVOCACIA HUMANIZADA COM A INTELIGÊNCIA EMOCIONAL **Luciana Costa**
171	O DESENVOLVIMENTO DAS COMPETÊNCIAS SOCIOEMOCIONAIS E SEU IMPACTO NO ECOSSISTEMA ORGANIZACIONAL **Maiane Bertoldo Lewandowski**
181	USANDO A INTELIGÊNCIA EMOCIONAL PARA FORTALECER AS NEUROVENDAS: O CONCEITO DE NEUROVENDAS E A IMPORTÂNCIA DE ENTENDER O CÉREBRO DO CLIENTE **Marco Castro**

189   INTELIGÊNCIA EMOCIONAL: O SEU MELHOR NEGÓCIO
Meiry Elias Duarte

199   POEMAS EMOCIONALMENTE INTELIGENTES: CONTROLE EMOCIONAL
POR MEIO DE POEMAS HAIKU
Raul Flores Casafranca

209   EQUILÍBRIO EM MEIO AO CAOS: LIDANDO COM OS DESAFIOS SOCIAIS
POR MEIO DA INTELIGÊNCIA EMOCIONAL
Rosana Alcine

219   O VALOR DA INTELIGÊNCIA EMOCIONAL NAS CORPORAÇÕES E AS PRÁTICAS
DE SUSTENTABILIDADE
Rosana Vaiano

229   A IMPORTÂNCIA DA INTELIGÊNCIA EMOCIONAL NA AUTOLIDERANÇA
E DEFINIÇÃO DO EU
Shobha Sankarankutty

237   A APLICABILIDADE DA INTELIGÊNCIA EMOCIONAL NO PROCESSO SELETIVO
NA PERSPECTIVA DE QUEM SELECIONA E CONTRATA
Simone Figueiredo

247   DESAFIOS NA LIDERANÇA DE EQUIPES JOVENS
Vinícius Maia

255   PROTAGONISMO E FELICIDADE NA CARREIRA:
O DESPERTAR POR MEIO DA INTELIGÊNCIA EMOCIONAL
Vivian Brito

PREFÁCIO

Liderança para o futuro: a importância da inteligência emocional em ambientes turbulentos

Os líderes enfrentam um horizonte complexo e dinâmico, repleto de desafios e oportunidades. O futuro deve ser ainda mais disruptivo, incerto e volátil, tendo em vista as grandes mudanças tecnológicas, geopolíticas, econômicas, sociais e ambientais, ocasionando fortes impactos nas organizações e indivíduos até 2035. Diante desse contexto, a capacidade de liderar com inteligência emocional emerge como um diferencial crucial.

Uma pesquisa sobre o perfil dos líderes do futuro até 2035, realizada pelo PROFUTURO – FIA Business School, revela que a adaptabilidade se destaca como uma competência cada vez mais relevante para os decisores, reforçada pela necessidade de respostas rápidas em ambientes turbulentos. Além da adaptabilidade, os resultados da pesquisa mostram que a inteligência emocional é primordial para os líderes. A capacidade de compreender e gerenciar as próprias emoções, assim como as dos outros, torna-se fundamental para promover o engajamento das equipes e tomar decisões eficazes em um ambiente cada vez mais diversificado e multicultural.

A criatividade também surge como uma competência indispensável, não apenas na resolução de problemas complexos, mas também no desenvolvimento de novos produtos, serviços e modelos de negócios que se destacarão em um mercado em constante transformação. Além disso, a visão estratégica do negócio, aliada ao domínio das tecnologias emergentes, como inteligência artificial e cultura digital, será relevante para liderar organizações rumo ao sucesso sustentável.

Embora não tenhamos uma bola de cristal para saber o que o futuro nos reserva, as análises de tendências oferecem informações valiosas sobre possibilidades futuras, nos ajudam a tomar melhores decisões e nos apoiam no desenvolvimento de competências individuais e organizacionais rumo ao futuro desejado. Neste processo de preparação para os desafios do futuro, é fundamental abraçar a aprendizagem contínua. Vamos começar hoje!

Que estas páginas sirvam como um guia valioso para os líderes do presente e do futuro, capacitando-os a enfrentar os desafios com resiliência, empatia e visão estratégica. A inteligência emocional moldará os líderes de amanhã, que sejam capazes de inspirar e guiar em um mundo em constante transformação.

Renata Giovinazzo Spers

INTELIGÊNCIA EMOCIONAL E GESTÃO DE CARREIRA

É impossível falar em gestão de carreira sem associá-la às emoções envolvidas nessa construção, pois atravessam os caminhos dos profissionais durante a sua trajetória, compondo momentos, decisões, escolhas e repertórios. Neste capítulo, apresento-lhes contextos que constatam o quanto as emoções podem impactar o desenvolvimento de carreira, podendo desequilibrar comportamentos de perfis talentosos.

ADRIANA CAVALCANTE

Adriana Cavalcante

Profissional com carreira desenvolvida nas áreas de educação, treinamento, desenvolvimento e orientação de carreira, com atuação em empresas e instituições nacionais e multinacionais, ONGs, serviços de consultoria e assessoria empresarial.

Forte atuação na condução de processos seletivos e programas de recolocação profissional e transição de carreira.

Mentora do Grupo de Diversidade e Igualdade Racial do Grupo Mulheres do Brasil. Coautora do livro *Gestão das Emoções no Ambiente Corporativo* (2020) e coordenadora do livro *Impulsionadores de Carreira* (2023). Coordenadora de conteúdo do Fórum Nordeste de Gestão de Pessoas (2017/2022).

Psicanalista, mestre em Engenharia de Produção, especialista em Gestão de Negócios. Nordestina de nascença e paulistana de coração. Mãe do João, esposa e entusiasta do desenvolvimento humano.

Contatos
acavalcantef@hotmail.com
11 98557.9371
@adrianacavalcantecarreia
https://www.linkedin.com/in/adrianacavalcante/

Desenvolvimento de carreira e as emoções

Nos últimos anos, muito se falou a respeito das emoções nos mais diversos contextos do ser humano devido à sua complexidade e seu caráter multifacetado e dinâmico. A palavra *carreira* é um termo derivado do latim, "carraria", que significa "caminho para carros", e durante essas últimas centenas de anos este termo passou por diversas aplicações de uso. Por volta do século XIV, o termo *carreira* identificava um caminho ou o curso do sol. A partir do século XVII, o significado da palavra passou a se relacionar ao mundo dos negócios, quando o termo passou a se associar à ideia de um direcionamento na vida profissional dos indivíduos. Atualmente, a carreira é compreendida como a soma de todos os cargos ou posições ocupadas ao longo da jornada profissional das pessoas.

Os profissionais estão mais conscientes sobre a necessidade de autogerenciar as suas carreiras e as emoções, e ter inteligência emocional é saber gerenciá-las e utilizá-las de maneira estratégica e prudente, por isso tem sido uma pauta recorrente nas diversas comunidades e grupos de mercado.

Assim, afirma-se que o termo *carreira* significa um caminho, um rumo, um objetivo profissional, o percurso profissional direcionado para uma especialização que deverá atender aos objetivos profissionais e aos objetivos pessoais, garantindo ao profissional a sua satisfação e realização.

Para Neves (2013), "A carreira é vista como uma sequência de experiências de trabalho ao longo da vida que possibilitam a satisfação pessoal e o sucesso psicológico".

As decisões profissionais e os desafios enfrentados ao longo das jornadas de carreira remetem à importância de compreender as relações das emoções e o desenvolvimento de carreira, por isso estão interconectados.

Trago-lhes algumas dessas relações, dando luz àquelas que julgo serem as mais importantes e comprometedoras nesse contexto.

- **Autoconhecimento**: liderando essa pequena relação, o autoconhecimento é a peça-chave para a gestão das emoções. Somente conhecendo a si próprio você será capaz de compreender os gatilhos, armadilhas promovidas pelas suas próprias emoções e seus pontos fracos, oportunizando melhorias e intervenções para eles. É urgente e necessário desprender atenção e cuidado para investimentos em autoconhecimento.
- **Adaptabilidade**: certamente os profissionais estão mais expostos às situações que envolvam a sua capacidade de se adaptar a um momento atípico do seu dia a dia de trabalho. As mudanças em geral – pequenas e diárias –, os processos de fusão e aquisição de empresas – muito vivenciados especialmente depois da pandemia –, as mudanças de cargos e funções, áreas e até mesmo mudanças geográficas, requerem a capacidade de lidar emocionalmente com todos estes movimentos.
- **Relações interpessoais**: o ambiente de trabalho evidencia a forma como as pessoas lidam com os seus relacionamentos. A sua destreza poderá influenciar na construção do networking e no fortalecimento dos vínculos pessoais, bem como na construção de um ambiente organizacional saudável e de oportunidades para a sua carreira. Pode-se afirmar também que relações positivas entre os colegas promovem um ambiente feliz, colaborativo e muito mais produtivo.
- **Resiliência**: quando gerenciamos as nossas emoções legitimamente reforçamos a nossa capacidade de superação, o nosso lastro de "força" se amplia, os problemas e desgastes presentes em nossa rotina de trabalho não ocupam um espaço desproporcional, pois a nossa intenção de solucionar as demandas e adversidades, apesar do estresse envolvido, não apresenta tanta representatividade quando não temos esse foco.

O desligamento: maior momento de ativação de emoções

"Em nossas vidas a mudança é inevitável, a perda é inevitável. A felicidade reside na nossa adaptabilidade em sobreviver a tudo de ruim." (Buda)

Quem não sentiu aquela dorzinha no coração quando recebeu a notícia da demissão? Mesmo que a demissão esteja "anunciada", pois em alguns casos acontece assim, com uma certa previsibilidade, e também para aqueles que são pegos de surpresa, a sensação é uma das piores que a pessoa vivencia, comparada até à perda de um ente querido, término de um relacionamento, traição e solidão. E por que sentimos tanta dor, tanto sofrimento pela perda de um emprego? Porque é no nosso ambiente profissional que formamos vínculos de relacionamentos, amizades, parcerias, também formamos grupos de colegas que se expandem para o nosso convívio social.

É na nossa atividade profissional que gastamos a maior parte do nosso dia, principalmente quando estamos em plena fase produtiva. E para alguns profissionais, como expatriados ou profissionais que foram transferidos da sua cidade natal, a empresa ocupa um espaço ainda mais importante na sua vida pessoal, pois nos meses ou anos iniciais é nela que se formam as primeiras amizades, os primeiros vínculos, em substituição à presença dos familiares e amigos da sua base de convivência.

Quando somos desligados do emprego, sentimos uma sensação de fracasso, de desespero, de desalento. Sabemos que as dores emocionais variam de pessoa para pessoa, pois cada ser lida com experiências de maneira única. Também é importante destacar que cada pessoa tem a sua jornada emocional própria e que o tempo envolvido e a intensidade desse sofrimento variam de acordo com a capacidade individual, com as circunstâncias de vida que constituíram este indivíduo.

É comum presenciarmos profissionais com atitudes extremamente inadequadas, posturas desequilibradas, quando são dispensados pelos seus empregadores, por todas as razões mencionadas no parágrafo anterior e algumas outras que gostaria de apresentar como gatilho para esse comportamento:

1. **Quando o profissional se sente desrespeitado.** Conduzir o desligamento da maneira mais digna e sensível possível é um exemplo de uma gestão saudável e ética. É importante manter o respeito com o funcionário durante o comunicado de desligamento, evitando eventual constrangimento ou humilhação, ou até mesmo depreciação à sua imagem. Em situações em que não houve esse cuidado, o profissional poderá reagir negativamente, perdendo controle de suas atitudes e gerando desconforto a todos os envolvidos.

2. **Quando são expostos perante uma plateia.** Independentemente do motivo que provocou o desligamento, esse momento deve ser discreto, ocorrer num ambiente privado, envolvendo as pessoas necessárias e garantindo o respeito e a privacidade do colaborador. Ao demitir um funcionário em público, a empresa causará constrangimento e uma horrível sensação de desconforto, que provavelmente provocará uma reação negativa da pessoa em questão.

3. **Quando o desligamento ocorre sem o tempo necessário para a transição.** Quando o funcionário é desligado sem receber o aviso prévio, perde a oportunidade de se preparar para uma recolocação planejada e buscar apoio adequado para essa transição. Dessa forma, sentindo-se prejudicado

poderá também apresentar condutas fora do seu comportamento padrão, por se sentir surpreendido pela notícia.
4. **Não receber feedback no desligamento.** Geralmente o funcionário fica inconformado quando não recebe as informações adequadas, as razões relacionadas ao seu desligamento. Não explicar os fatores que motivaram o seu desligamento, de maneira transparente e honesta pode gerar um grande ressentimento e até mesmo equívocos. Nesse contexto, o funcionário também poderá perder o equilíbrio das suas emoções.

Estes são apenas alguns aspectos relacionados ao desligamento e as consequências relacionadas a esta experiência. É claro que alguns outros aspectos não foram discutidos neste material e devem também ser considerados como importantes. O objetivo desse levantamento é reforçar a importância e a necessidade de que as empresas, em especial os setores de recursos humanos, desenvolvam uma demissão humanizada, revisando os seus processos, adotando políticas e procedimentos, a fim de garantir que o momento ocorra de modo profissional, coerente e organizado, levando em consideração que cada profissional é único; dessa forma, sugere afirmar que cada demissão também é única.

Assim, diante dessa compreensão, acredito fortemente que é possível os gestores elaborarem dispositivos e programas para dar suporte ao momento do desligamento. Ressalto que algumas empresas, a minoria, adotam algumas destas. A adoção dessas práticas é saudável para os funcionários, assim como também para as organizações. Aqui, fiz o levantamento de algumas ações que possam ser aderidas ao processo demissional, são estas:

- *Desenvolver uma política de demissão responsável* que poderá orientar os profissionais por meio de algumas ações, tais como: um programa de aposentadoria, que conduz os aposentáveis para um novo ciclo de vida, dando um significado positivo para essa próxima fase. Outra proposta é o *coaching* de carreira, que atua como um processo de orientação e planejamento de carreira, fazendo uso da metodologia do *coaching*, como a aplicação de *assessment* para avaliação do perfil profissional. Além dessas, o programa de recolocação profissional, também nomeado como *outplacement*, será um importante recurso para que os profissionais se reposicionem no mercado mais rapidamente. Essas alternativas de reestruturação são importantes e até mesmo necessárias para facilitar na avaliação da realidade econômica e das demandas de mercado, nas possibilidades de atuação que estejam de acordo com sua experiência e seus talentos e em seu plano de ação.
- *Negociações que beneficiam no desligamento*. Algumas empresas oferecem estender alguns benefícios por um período pós-demissão, como o con-

vênio de saúde e a renegociação de financiamento de carro para aqueles profissionais que usufruíram desse bem.
* *Apoio especializado no momento demissional.* No momento do desligamento, é oportuno que a empresa disponibilize um profissional especializado na condução desse processo, visando minimizar os impactos provocados pelo rompimento das suas atividades profissionais. Esse profissional será porta-voz e condutor para as futuras ações após a sua saída da organização, e deverá dar aconselhamentos, orientação e estímulo, de maneira dedicada ao demitido.

Na gangorra da inteligência emocional, todos deveriam ganhar

Finalizo meu capítulo convidando os leitores, em especial os gestores de recursos humanos, a pensarem sobre todos os elementos da dinâmica do universo corporativo que implica a qualidade de vida emocional de seus colaboradores. Convido os especialistas a repensarem como a área de recursos humanos pode incentivar e aplicar modelos e condutas que favoreçam a inteligência emocional, que tragam ao ambiente de trabalho condições que estimulem o bem-estar, que injetem felicidade no dia a dia de trabalho e que, consequentemente, favoreçam positivamente nos relacionamentos interpessoais, na baixa de *turnover*, no incremento da criatividade, na produtividade e no alcance de metas e indicadores.

Deixo aqui meu forte abraço e meus votos para a multiplicação desse tema nos ambientes organizacionais.

Referências

NEVES, M. M.; TEVISAN, L. N.; JOÃO, B. do N. Carreira proteana: revisão teórica e análise bibliométrica. In: *Revista Psicologia, Organizações e Trabalho.* V. 13, n.2, Florianópolis, ago. 2013.

02

LIDERANÇA HUMANIZADA E INTELIGÊNCIA EMOCIONAL
O BINÔMIO QUE IMPACTA AS EQUIPES NO SERVIÇO PÚBLICO

"Conhece-te a ti mesmo", diria o filósofo Sócrates. Todo líder precisa compreender que o autoconhecimento é o pré-requisito para dominar um conjunto de habilidades que são descomplicadas na teoria, mas extremamente complicadas de colocar em prática. Está na hora, então, de começarmos a elaborar perguntas difíceis: que tipo de líder você quer ser? A responsabilidade é sua. O presente capítulo se propõe a provocar reflexões e mostrar caminhos.

ALINE VASCONCELOS

Aline Vasconcelos

Analista judiciária/chefe de gabinete na Justiça Federal do Estado do Espírito Santo (desde 2004). Pesquisadora Nupedia-UFMT no projeto de pesquisa "Administração Pública, Administração da Justiça e o Futuro do Direito" (2023-2026). Instrutora no Programa de Desenvolvimento Gerencial (PDG) na JF/ES. Professora de Direito Constitucional e Ciência Política no Curso de Graduação em Direito da UVV (2003-2006).
Graduada em Direito (2000). Pós-graduada em Direito Público e Processual Público pela Faculdade Cândido Mendes de Vitória (2002). Pós-graduada em Gestão Pública e Compliance pela UFMT (2023). Mestra em Direito Constitucional pela FDV (2007).

Contatos
Instagram: @servicopublicoeficiente
LinkedIn: linkedin.com/in/aline-medeiros-vasconcelos

Que tipo de líder você quer ser?

Ao longo da minha jornada de duas décadas na Justiça Federal do Estado do Espírito Santo, desenvolvi uma paixão pelo serviço público, diante da percepção de que nós, servidores públicos, realizamos um trabalho que traz consigo uma responsabilidade e um senso de idealismo muito grande, porque o resultado prático da nossa atuação impacta toda a sociedade.

Essa e outras questões me moveram para escrever este capítulo, que foi construído a partir de três fontes de conhecimento.

A primeira é a minha experiência na função de Chefe de Gabinete, na qual aprendi que o desenvolvimento das habilidades técnico-administrativas *(hard skills)* e comportamentais *(soft skills)*, ensinadas nos livros de Administração, Psicologia e Neurociência, demandam coragem, erros e acertos.

À guisa de ilustração, as competências técnicas são as capacidades para desenvolver as atividades correspondentes ao trabalho específico na função de gestão, como os métodos de trabalho. E as competências comportamentais consistem na capacidade de autoconhecimento e de relacionamento com as pessoas e com a organização, como a liderança, a empatia, o autocontrole, a criatividade, a comunicação assertiva e não violenta.

Parafraseando Brené Brown, autora da obra *A coragem para liderar,* há um verdadeiro obstáculo para a liderança corajosa e plena: a nossa armadura – os pensamentos, emoções e comportamentos – que usamos para nos proteger quando não estamos dispostos e nem somos capazes de encarar as nossas vulnerabilidades. No entanto, o exercício da liderança é definido, no dia a dia, por exposição emocional, incertezas, inseguranças, conflitos, conversas difíceis e muitos outros desafios. Não é possível evitá-los, mas é possível fazer uma escolha: ou você lida com as suas vulnerabilidades ou elas lidam com você. Eu escolhi a primeira opção.

Pela minha falta de habilidades técnico-administrativas e, especialmente, comportamentais de liderança ao assumir a função de gestão, era de se esperar que os primeiros desafios surgissem: resistência dos colaboradores às mudanças, conflitos internos, estoque de processos paralisados, falta de motivação e engajamento da equipe, além de baixa produtividade. Esse contexto foi o "gatilho" para a minha decisão de sair da zona de conforto, aprofundar os conhecimentos na área de gestão de pessoas e mergulhar em mares em que eu jamais imaginei navegar. Portanto, a segunda fonte de inspiração é a minha inquietude por aprender coisas novas sempre, o que me move para estudar continuamente. Em tempos de constantes mudanças, são exigidas de todos nós novas competências, sejam específicas, cognitivas ou comportamentais; e devemos estar preparados.

A terceira fonte para a construção deste capítulo é, também, uma grande referência em gestão pública – a amiga e mentora dra. Luciana Elmôr – que fez a diferença na minha trajetória e moldou minha jornada, na oportunidade em que fui indagada: "Aline, que tipo de líder você quer ser"?

Aprender com ela, seja nas aulas da Mentoria para Gestores Públicos, seja nos cursos de capacitação no âmbito da educação corporativa, foi a grande "virada de chave" para um despertar transformador tanto pessoal quanto profissional, porque fez eu me conectar com o meu propósito: promover a implementação de uma gestão humanizada, inovadora e eficiente no serviço público.

Escrever é uma forma de retribuir aquilo que aprendi, seja na vida acadêmica, seja na vida prática profissional.

Autoconhecimento: primeiro passo a caminho da liderança

O exercício da liderança não tem um manual de instrução infalível. Mas tem um importante primeiro passo: o autoconhecimento.

O líder deve ter a capacidade de olhar honestamente para si mesmo, de perceber os seus talentos e suas falhas e estar sempre empenhado na busca pela melhor versão de si mesmo. O processo de autoconhecimento é, portanto, o primeiro degrau que deve ser escalado pelo líder. Os pontos que sugiro para essa autoanálise e que podem ajudar você nesse processo são:

1. Identifique os seus porquês (propósitos, valores e crenças).
2. Encontre sentido no trabalho.
3. Esteja aberto para ouvir as pessoas da equipe.
4. Tome consciência quanto ao nível de liderança em que você se encontra hoje e onde quer chegar (dimensões da inteligência emocional).

5. Amplie seus horizontes e os seus potenciais.
6. Aprenda continuamente.

Porém, o que é liderança? O que significa ser líder? Não há uma definição padrão, mas a minha visão se molda à ideia de Mario Sergio Cortella, para quem "líder é aquele capaz de inspirar, de estimular, de animar as pessoas em torno de ideias e projetos".

Liderança não se confunde com chefia, tampouco com gestão. Na obra *Quem sabe faz a hora!*, Cortella esclarece que a ideia de que se deve ter apenas a indicação do que precisa ser feito, as sequências das tarefas estabelecidas e um *checklist*, é algo para o campo estrito da Administração. Isso, no entanto, é muito diferente de inspirar.

Talvez uma outra questão precise ser formulada: liderança é um dom ou uma habilidade a ser desenvolvida? Por muito tempo se pensou que os líderes fossem pessoas com traços que os distinguem dos demais, mas aos poucos essa teoria sofreu algumas críticas e a liderança passou a ser concebida como um atributo que pode ser desenvolvido, aprimorado e estimulado. Liderança é uma capacidade que se adquire e, portanto, qualquer pessoa tem o potencial de desenvolvê-la.

É evidente que o desenvolvimento das habilidades de liderança exige um exercício de autopercepção e um olhar atento para os nossos pontos fracos e pontos fortes.

Para Daniel Goleman, à medida que as estruturas organizacionais evoluem e a globalização se acelera, as habilidades sociais e as denominadas *soft skills* são cruciais. As *soft skills* são aquelas que lidam com a relação e interação com outros. Habilidades como resiliência, empatia, colaboração e comunicação são baseadas na inteligência emocional e distinguem profissionais no ambiente corporativo.

Em um mundo de mudanças extraordinárias – o que inclui o setor público –, somente líderes plenos em suas *soft skills* terão a capacidade de estimular e engajar equipes, alcançando os melhores resultados e mantendo o bom clima organizacional.

Considerando o limite deste capítulo, abordam-se aqui, de modo específico, duas habilidades que considero prioritárias para o exercício da liderança que impacta positivamente as equipes no serviço público: inteligência emocional e liderança humanizada.

A inteligência emocional como ferramenta da liderança

Grandes líderes mexem com as emoções dos liderados. Inflamam a paixão e inspiram o que há de melhor em cada um deles. Essa característica emocional do líder é primordial – é ao mesmo tempo o ato inicial e o ato mais importante da liderança. Para Daniel Goleman, os líderes mais eficazes geralmente têm um ponto crucial em comum: todos têm um elevado grau de inteligência emocional. Não é que o QI e a competência técnica não sejam relevantes. Eles são, mas como "qualidades iniciais".

Como resultado, a inteligência emocional entrou no "pacote" das competências comportamentais tão requeridas no setor privado e também no setor público.

Os líderes emocionalmente inteligentes compreendem a influência das emoções no desempenho e bem-estar individual e coletivo. Eles desenvolvem habilidades para reconhecer e regular suas próprias emoções, assim como demonstram empatia e compreensão em relação às emoções dos outros. Sabem como gerenciar conflitos e lidar com situações estressantes de maneira calma e racional. Isso explica por que a inteligência emocional é uma habilidade comportamental que vale a pena desenvolver. Aqui estão algumas dicas para cultivá-la:

1. Autoconhecimento: comece entendendo a si mesmo, suas emoções, suas forças e suas fraquezas.
2. Autogerenciamento: pratique o controle emocional e a resiliência.
3. Empatia: desenvolva a habilidade de se colocar no lugar dos outros e entender suas emoções e perspectivas.
4. Comunicação: aprenda a se comunicar de maneira clara, assertiva e respeitosa.

Infelizmente, a realidade é bem outra. Muitos profissionais que exercem cargos de liderança estão despreparados emocionalmente. Agem, normalmente, com autoridade e poder, em uma gestão conservadora, e não percebem o quão importante é um ambiente desenvolvido por meio de uma liderança carismática, com o benefício obtido pela compreensão do que venha a ser o recurso da inteligência emocional como ferramenta de sua gestão.

Pensar nas consequências e no impacto das próprias emoções é o embasamento para a construção de um futuro de sucesso, com alicerces firmados no presente.

Liderança humanizada: o papel da inteligência emocional

Com mais experiência e conhecimento, comecei a perceber a importância determinante de aspectos subjetivos sobre os comportamentos e desempenhos das pessoas da equipe. O impacto dessa percepção redirecionou minha carreira e meus estudos, orientando-me a compreender uma dimensão que eu ignorava, mas que era a mais importante na relação com as pessoas e com os resultados: "Cuide das pessoas que elas cuidarão dos resultados."

Lígia Costa define essa tendência: "Lidere com amor!"

Em um mundo em que as relações humanas estão tão superficiais e a tecnologia avançada tem gerado uma desconexão nos ambientes corporativos, é hora de fomentar um cenário em que a liderança amorosa e compassiva possa fazer toda a diferença.

É hora de adotar um novo estilo de liderança que considere o ser humano como um todo, integrando as suas inteligências física, mental, emocional e espiritual. O momento é de vestir novas lentes e lançar um olhar mais humano e altruísta para os colaboradores.

Para quem ainda tem dúvidas, exercer a liderança humanizada – que nada tem a ver com liderança romantizada – não se trata de abandonar o compromisso com os resultados, mas abandonar a inútil questão: as pessoas ou os resultados?

O verdadeiro líder humano coloca as pessoas – sim, as pessoas – em primeiro lugar, e não somente os números. Afinal, estes serão consequências óbvias de uma liderança centrada no humano colaborador e que levará a organização a números esperados, sem se preocupar diretamente com eles, números.

Embora seja um tema relativamente novo, que vem ganhando relevância principalmente após a pandemia da covid-19, pode-se destacar algumas abordagens humanistas para a criação de ambientes saudáveis e sustentáveis:

A liderança humanizada tem como premissa a primazia e centralidade no ser humano.

Parte do autoconhecimento do líder e do reconhecimento das suas próprias vulnerabilidades.

A excelência dos resultados vem naturalmente como consequência do clima organizacional saudável e do bem-estar da equipe.

É compreendida como um propósito do líder, que deverá: aproximar-se das pessoas; escutar e não simplesmente ouvir; ser acessível; criar um clima organizacional seguro psicologicamente; respeitar as diversidades; gerar confiança mútua; reconhecer e empoderar a equipe por meio de feedbacks constantes; ser tolerante aos erros; cuidar das pessoas.

Priorizar as pessoas é a premissa para uma liderança humanizada. Humanização não se trata de um modismo para modernizar um modelo de gestão arcaico de comando e controle. A partir do momento em que você se torna um líder, sua responsabilidade muda completamente. Pense nisso antes de ambicionar uma posição de liderança e prepare-se.

O despertar transformador: onde a mudança começa

Mario Sergio Cortella é uma das pessoas que me mostram caminhos, e com ele me despeço: "Nascer sabendo é uma limitação, porque obriga a apenas a repetir e, nunca, a criar, inovar, refazer, modificar. Quanto mais se nasce pronto, mais se é refém do que já se sabe e, portanto, do passado."

Não importa em que estágio da liderança você está. Acredite, o líder que habita em cada um de nós vai se mostrando a cada dia e, em cada nova situação, vamos nos aprimorando com nossos erros e acertos. Acredito, contudo, que o sucesso da liderança está intimamente ligado ao desenvolvimento permanente por meio de cursos, mentorias, palestras e leituras, a partir dos quais se oportuniza a superação dos *gaps* de desempenho, ampliando os resultados e melhorando o clima organizacional e a autoestima das equipes.

Qual é o legado que você pretende deixar? É com esse espírito que este capítulo foi construído.

Referências

ANDREOTTI JUNIOR, W. *Liderança humanizada: como exercer uma posição de liderança de alto resultado através do respeito e da valorização daquilo que nos faz humanos.* 2023.

CORTELLA, M. S. *Filosofia: e nós com isso?* São Paulo: Planeta, 2018.

CORTELLA, M. S. *Não nascemos prontos: provocações filosóficas.* 19. ed. São Paulo: Vozes Nobilis, 2015.

CORTELLA, M. S. *Quem sabe faz a hora!* São Paulo: Planeta, 2021.

DUTRA, J. S.; DUTRA, T. A.; DUTRA, G. A. *Gestão de pessoas: realidade e desafios futuros.* São Paulo: Atlas, 2023.

GOLEMAN, D. *O poder da inteligência emocional: como liderar com sensibilidade e eficiência.* Rio de Janeiro: Objetiva, 2018.

GREGÓRIO, Á.; ZANONI, L. O. T. C.; NEVES JUNIOR, P. C. *Inovação no judiciário: conceito, criação e práticas do primeiro laboratório de inovação do poder judiciário*. São Paulo: Blucher, 2019.

JACOB, M. *O líder do futuro: 9 notáveis habilidades e mindsets para ter sucesso na próxima década*. São Paulo: Cultrix, 2022.

MACEDO, C. M. de S. *A arte de trabalhar menos e produzir mais: o gestor líder e o ritual de gestão*. Belo Horizonte: AJA, 2022.

SANTOS, M. C. *Liderança e inteligência emocional*. 2023.

SILVA, A. C. M. de A. *Gestão de pessoas no setor público: uma experiência do Poder Judiciário*. Curitiba: Alteridade, 2020.

RODRIGUES, D. *Cultura inovadora humanizada: os pilares para construir uma cultura inovadora de brilho nos olhos*. São Paulo: Pragmatha, 2021.

O PODER DA INTELIGÊNCIA EMOCIONAL PARA A CORAGEM NA LIDERANÇA

Este capítulo irá estimular reflexões sobre o uso da inteligência emocional na liderança de equipes, utilizando a habilidade da coragem. Não há atalhos para alta performance. Coragem é uma habilidade como todas as outras. Ela pode ser aprendida e só se fortalece na prática das três camadas sugeridas neste capítulo.

AMANDA ROCHA

Amanda Rocha

Amanda Rocha possui mais de 30 anos de experiência em gestão de pessoas/recursos humanos. É graduada em Psicologia pela Universidade Paulista. Possui Pós-Graduação em Gestão Estratégica de Pessoas pela Uninove. Especialização em Gestão de Negócios Internacionais pela Fundação Dom Cabral e MBA em Recursos Humanos pelo Instituto Nacional de Pós-Graduação (INPG). Durante sua carreira, Amanda teve a oportunidade de trabalhar em diversas empresas renomadas, desempenhando papéis de liderança e contribuindo significativamente para o sucesso dessas organizações. Entre as posições que ocupou estão a de *head* de Recursos Humanos e gestora de Recursos Humanos nas empresas: Grupo José Alves, Pivot, Carino Ingredientes, Prestex, Linea Alimentos, Ingenico Meios de Pagamentos, Coca-Cola Femsa, Coca-Cola Bandeirantes, Bematech e Transportes Della Volpe. Além disso, foi consultora para soluções em gestão de pessoas em diversas empresas de distintos segmentos, sendo algumas delas: Companhia Vale do Rio Doce, V&M, Acesita, Braskem, Politeno, Gerdau, Rio de Janeiro Refrescos (Coca-Cola), Lousano, Ficosa, Metagal, GM, Quartozolit, Huawei, Besni, Mauricio de Souza, Riachuelo, Isolutions, GSR7, Tefti, Grupo Lousano, Grupo Metropolitan, Ingenico do Brasil, T10 Bank, Forza Capital e Mentorage. No campo acadêmico, foi professora das Faculdades Alves Faria, Faculdade de Engenharia Industrial de São Paulo e Senac.

Contatos
Instagram: @headhuntersol
LinkedIn: linkedin.com/in/amandarocha

Amanda Rocha

> *"O correr da vida embrulha tudo, a vida é assim: esquenta e esfria, aperta e daí afrouxa, sossega e depois desinquieta. O que ela quer da gente é coragem."*
> Guimarães Rosa – *Grande Sertão: Veredas*

No turbilhão de um mundo marcado pela fragilidade e pela ansiedade, onde o medo parece reinar supremo, surge um chamado premente: o cultivo da Coragem. Num cenário BANI, em que tudo é *Brittle* (frágil), *Anxious* (ansioso), *Nonlinear* (não linear) e *Incomprehensible* (incompreensível), conforme estudiosos denominam, a linearidade cede lugar à incerteza, desafiando nossa capacidade de compreensão. É nesse contexto desafiador que a Coragem emerge como um alicerce vital para líderes e executivos em todo o mundo.

Lembro-me vividamente de um congresso de Recursos Humanos, no qual pairava no ar uma constatação unânime: o domínio do medo entre os líderes. Esse cenário despertou em mim uma inquietação profunda, incitando-me a buscar compreender mais sobre a natureza essencial da Coragem. Desde então, encontrei sinais dessa demanda premente – desde anúncios de emprego que clamavam por coragem até momentos pessoais de desafio que a exigiam.

Numa viagem ao México, deparei-me com um anúncio buscando gerentes administrativos com requisitos comuns, mas surpreendentemente, entre eles, figurava a coragem. Essa exigência não era exclusiva do México; ecoava em anúncios brasileiros e além, instigando-me a refletir sobre sua profunda importância. Como poderia um anúncio requisitar por coragem? Não seria a coragem uma virtude essencial em qualquer trabalho?

Seria possível liderar sem coragem? Seria possível enfrentar decisões difíceis, defender valores, promover mudanças sem a coragem? Refletindo sobre minhas próprias experiências, desde voar de parapente sobre os céus de São

Paulo até décadas de trajetória na área de recursos humanos, compreendi que a coragem é muito mais do que a ausência de medo; é a ação apesar dele.

Aprofundando-me na pesquisa, descobri que a coragem, derivada do latim *coraticum* e do francês *cor-age*, é a competência de agir apesar do medo, da apreensão e da intimidação. Ela não nega a presença do medo, mas o transcende. E esse poder de transcendência encontra sustento em dois pilares essenciais: o propósito e a inteligência emocional.

O propósito, a bússola que guia nossa jornada, confere significado às nossas ações e às nossas escolhas. É a resposta ao porquê existimos, o que nos impulsiona em direção aos nossos objetivos mais elevados. Com um propósito claro, somos capacitados a enfrentar desafios com determinação, dando um significado mais profundo às nossas ações.

A inteligência emocional, por sua vez, é a habilidade de compreender, gerenciar e expressar emoções, tanto as nossas quanto as dos outros. Ela nos capacita a lidar de maneira construtiva com as complexidades emocionais da vida, permitindo-nos manter a clareza e a calma mesmo diante dos desafios mais imponentes.

Esses dois pilares sustentam a coragem e a fortalecem em três camadas essenciais:

1. **Domínio das próprias emoções**: nessa camada, o indivíduo se concentra em gerenciar, dominar e superar seus medos por meio do autoconhecimento e do autocontrole. Isso implica uma jornada contínua de autoconsciência, em que identificar gatilhos emocionais e adotar estratégias de regulação emocional se tornam fundamentais.
2. **Compreensão do propósito pessoal**: aqui, a coragem se manifesta na busca pela autenticidade e na definição clara do propósito pessoal. Encontrar o propósito envolve uma profunda reflexão sobre valores, interesses e contribuições alinhadas com nossas aspirações mais profundas.
3. **Exercício da missão de vida**: na terceira camada, a coragem se expande para além do eu, envolvendo-se com a missão de vida que transcende ganhos pessoais. Trata-se de se comprometer com ações que contribuam para o bem-estar coletivo e inspirem mudanças positivas.

3 CAMADAS DA CORAGEM

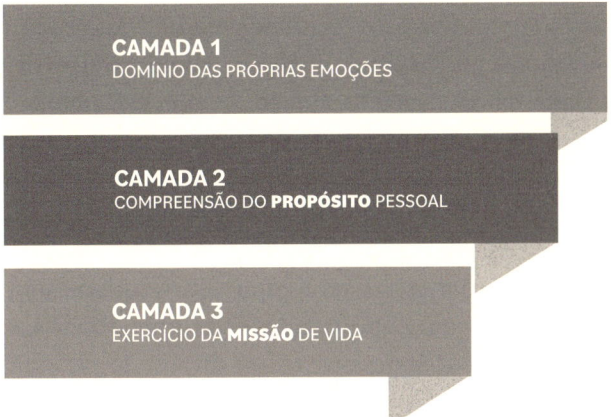

Ao integrar essas três camadas de coragem com propósito e inteligência emocional, os líderes são empoderados a enfrentar desafios com determinação e integridade. A coragem na liderança não apenas impulsiona o progresso, mas também inspira confiança, constrói relações sólidas e conduz a conquistas duradouras.

Desejo que essas palavras o inspirem a mergulhar profundamente em quem você é, a abraçar o seu propósito com fervor e a cultivar a inteligência emocional em sua jornada de liderança. Que você encontre, em cada desafio, uma oportunidade para exercitar sua coragem e guiar outros com sabedoria e compaixão.

Exercer coragem na liderança requer uma abordagem proativa e consciente, que integre os princípios fundamentais da inteligência emocional e do propósito pessoal. Primeiramente, um líder corajoso deve cultivar o domínio das próprias emoções, desenvolvendo a autoconsciência e o autocontrole necessários para lidar com os desafios de maneira construtiva. Isso pode ser alcançado por meio da prática regular de técnicas de regulação emocional, como a respiração consciente e a visualização positiva, que ajudam a manter a clareza mental e a calma em momentos de pressão. Além disso, é crucial que um líder corajoso esteja alinhado com seu propósito pessoal e com os valores que orientam suas ações. Definir um propósito inspirador e alinhar suas decisões e comportamentos a ele fortalece sua determinação e sua confiança, permitindo-lhe enfrentar desafios com resiliência e convicção. Isso envolve uma profunda reflexão sobre o que realmente importa e o que se deseja alcançar como líder, e a busca constante por oportunidades que estejam alinhadas com esse propósito.

Outra sugestão prática para exercer coragem na liderança é promover uma cultura organizacional que valorize a inteligência emocional e o diálogo aberto. Incentivar a expressão saudável das emoções e criar um ambiente em que os membros da equipe se sintam confortáveis para compartilhar preocupações e ideias sem medo de retaliação fortalece a confiança e o senso de pertencimento, contribuindo para o desenvolvimento de relações interpessoais mais genuínas e produtivas.

Por fim, um líder corajoso deve encarar a adversidade com resiliência, enxergando os desafios como oportunidades de aprendizado e crescimento. Isso requer uma mentalidade positiva e uma disposição para sair da zona de conforto, assumindo riscos calculados e buscando soluções inovadoras para os problemas. Ao adotar uma abordagem proativa diante dos obstáculos, um líder corajoso inspira confiança e respeito em sua equipe, construindo uma cultura de excelência e superação.

Finalizo este capítulo com um convite: não avance sem fazer uma pausa e refletir sobre como você está praticando a sua coragem nas três camadas propostas aqui. Liste 10 ações necessárias a sua liderança, avalie sua performance, identifique eventuais obstáculos, crie relações saudáveis com outros lideres para desvendar como você pode transpor cada um dos desafios e pratique com determinação cada uma das ações a que se propuser, reavaliando sua performance de tempos em tempos. O que a liderança te pede é coragem! Sem ela, grandes resultados serão inviabilizados, tanto no que se refere à gestão de pessoas como no que se refere à gestão de negócios. Fugir ou se paralisar não é uma opção para pessoas, como você, que possuem o poder da inteligência emocional. Vamos lá! Coragem!

04

INTELIGÊNCIA EMOCIONAL NA ATIVIDADE EMPRESARIAL

Sobre a inteligência emocional na atividade empresarial, posso afirmar que, após 42 anos no ramo da moda, acompanhei não somente a evolução da economia, como também do empreendedor. A máxima "não deu para nada e virou vendedor" é uma das mais equivocadas afirmações. Os melhores vendedores são grandes estrategistas e negociadores, além de emocionalmente inteligentes.

ANA ALBUQUERQUE

Ana Albuquerque

Empresária há 42 anos, bacharelado em Direito pela UFRN (1988), especialista em Literatura Inglesa pela UNP (Universidade Potiguar). Experiência em magistério na Língua Inglesa. Atuação no mercado da moda, de roupa feminina, durante 25 anos. Franqueada no segmento masculino e feminino de couro por 15 anos. Atualmente, atuando na área condominial e na área gastronômica no segmento de doceria em sociedade. Escritora nos gêneros de contos e crônicas. Cinéfila. Colaboradora em resenhas especializadas em cinema na imprensa local. Musicista (piano, violão e ukulele) e estudante de Filosofia.

Contatos
anaalbuquerque@yahoo.com.br
Instagram @ ana.alb.melo
Linkedin: https://www.linkedin.com/in/ana-madalena-albuquerque-722363289

Eu não tinha ideia do que iria fazer da minha vida e não fazia ideia de como a faculdade iria me ajudar a descobrir. Então resolvi desistir e confiar que tudo daria certo.
(Steve Jobs. Inventor, empresário, co-fundador, presidente e diretor executivo da Apple, no setor de informática).

A década de 1980 foi atravessada por uma das maiores crises da sua história, resultando na estagnação do Produto Interno Bruto e taxas de inflação sem precedentes. O endividamento externo da economia brasileira trouxe reflexos para a população, com quedas de níveis de emprego, provocando um enorme abismo social. Só para lembrar, desde 1822, passamos por nove trocas monetárias, sendo que, da década de oitenta para os dias de hoje foram seis, além de cinco planos econômicos, cujas medidas incluíam congelamento de preços e salários, até confisco da poupança.

Esse foi o cenário econômico quando abri minha primeira empresa, em sociedade com meu marido, um jovem cheio de planos, empreendedor nato, com muita vontade de trabalhar. Eu era uma estudante do curso de Direito, que não fazia ideia dos desafios que nos aguardava e entendia pouquíssimo de como gerir um negócio. O casamento e a sociedade caminharam juntos e bem-sucedidos por trinta anos: abrimos mercado com um modelo de negócios que praticamente não existia no nosso Estado, ganhando bastante frente em relação aos futuros concorrentes, além de termos investido em cursos, pessoal e tecnologia, em uma época em que leitor de código de barra causava estranheza. Infelizmente os desafios de empreender no Brasil sempre foram enormes, principalmente pelo cenário de instabilidade econômica, além do tempo gasto com burocracia e uma carga tributária altíssima. Uma pesquisa divulgada pelo SEBRAE em parceria como IBGE mostrou que a taxa de sobrevivência de uma empresa no Brasil, no período de cinco anos, é de cerca de 50%. As causas de mortalidade desses negócios são, além dos desafios já expostos, o desconhecimento de práticas de gestão e capacitação para entender do mercado.

Aprendi desde cedo que é impossível cantar e assobiar ao mesmo tempo, por isso é extremamente importante definir o papel de cada pessoa/sócio. Eu, inicialmente, cuidei do setor administrativo-financeiro, mas depois acumulei a função de gestora de pessoas, talvez por ter habilidade em enxergar aptidões escondidas. Um exemplo de sucesso na minha empresa foi um rapaz que começou como estoquista e passou a gerente de lojas. Com ele, aprendi que não bastava eu ter o conhecimento, mas que deveria transmiti-lo, embora muito do que eu fazia era por pura intuição.

No início da década de 1990, quando tomei conhecimento do termo "inteligência emocional", a teoria do que redefiniu o que é ser inteligente, obra do psicólogo e jornalista científico Daniel Goleman, confirmei o que pensava: **o grande problema de uma empresa era sobre relacionamentos.**

Naquela época percebi que os cinco pilares onde ele fundamentou a inteligência emocional, que resumidamente são conhecer as próprias emoções, possuir habilidades sociais, ser automotivado, controlar as emoções e ter empatia, é o dia a dia de quem vive em sociedade e de qualquer negócio.

De nada adianta uma empresa ter um bom local de trabalho, produto, estoque, se internamente existem conflitos entre pessoas. Um bom exemplo é sobre um antigo funcionário, que era o meu faz tudo, uma pessoa de uma inteligência prática como até hoje nunca vi igual, mas quando estava na empresa, percebia-se claramente o desconforto entre os demais.

Ele era muito mal-humorado, não tinha trato ao se dirigir aos colegas e depois de diversas tentativas de alertá-lo quanto ao seu comportamento, resolvi demiti-lo. O susto foi grande, pois acredito que ele achava que antiguidade era posto, mas foi a melhor coisa que fiz por ele, pois abri seus olhos sobre sua capacidade de ter seu próprio negócio, o que de fato concretizou-se. **Muitas vezes precisamos renunciar à competência em prol da integridade da equipe.**

Goleman afirmou em 1998: *Em uma época sem garantias de estabilidade de emprego, em que o próprio conceito de emprego está sendo rapidamente substituído por habilidades portáteis, essas são as qualidades primordiais que nos tornam e nos mantêm empregáveis.*

Essa afirmação continua atualíssima; sabemos que o ganho e a produtividade são muito importantes para uma empresa, mas é imperativo contrapor à cultura do workaholic, qualidade apreciada por líderes de empresa, principalmente no setor financeiro, quando foi glamourizada a cultura de horas extras.

A pandemia contribuiu para as semanas de trabalho ficarem mais longas, quando foi instituído o home-office, e as fronteiras entre vida pessoal e profissional foram dissolvidas.

A Organização Mundial de Saúde (OMS), definiu o *burnout* como uma síndrome resultante de estresse crônico no local de trabalho, caracterizado por exaustão e sentimentos negativos, além de redução da eficácia profissional; em 2019, o *burnout* foi formalmente reconhecido como um fenômeno ocupacional.

Segundo a International Stress Management Association (ISMA-BR), o Brasil está em segundo lugar em um ranking dos oito países com a maior quantidade de pessoas diagnosticadas com *burnout*. Visando dirimir esses números em nível mundial, **um novo modelo de trabalho, com redução da carga horária para quatro dias úteis, sem prejuízo salarial, está sendo implantado em alguns países.** No Brasil, esse projeto está engatinhando; o desafio das empresas ainda é sobreviver. De acordo com o Mapa de Empresa, divulgado pelo governo federal, no primeiro quadrimestre de 2023, foram fechadas quase 737 mil empresas no Brasil, número que representa um aumento de 34,3% sobre o último quadrimestre de 2022, muito embora, neste mesmo período, foram abertas 1.331.940 novas empresas, um excelente indicador, se pensarmos que estas já estão chegando com alguma vantagem e bastante conhecimento sobre como proceder em situações extremas.

A boa notícia é que, enquanto até pouco tempo a produtividade era a melhor característica de um profissional, **hoje ela está sendo substituída pela capacidade de agregar e contribuir para um bom ambiente de trabalho, e, por consequência, mais produtivo e sem ruídos de comunicação, fruto do desenvolvimento de uma cultura voltada para inteligência emocional.**

Segundo o relatório Future of Jobs, do The World Economic Forum, **a inteligência emocional é uma das habilidades mais importantes para o mercado de trabalho do futuro, onde as habilidades pessoais, chamadas** *soft skills*, **serão ainda mais relevantes para diferenciar e destacar profissionais, principalmente entre líderes e gestores de RH.**

Outro estudioso do assunto, Carlos Aldan, CEO do Grupo Kronberg, Master Assesssor em inteligência emocional na Califórnia, acredita na antecipação do estudo dessas capacidades subjetivas como diretamente influentes no sucesso pessoal. Para ele, **os principais desafios do mercado não são apenas de ordem lógica, sendo fundamental se conectar empaticamente com as pessoas em todos os níveis.**

Essa preocupação remonta séculos, conforme conferi no artigo assinado por Cristiano Zanetta, um empresário, palestrante e filantropo, o Batman do Brasil, pseudônimo reconhecido pela Warner Bros.:

> Ao buscar o bem-estar ético e moral, o estoicismo estimula o autocontrole e nos dá coragem para superar emoções destrutivas. A filosofia estoica ensina que não devemos perseguir um mundo ideal, mas sim controlar a forma como reagimos às coisas que nos afetam; em momentos de crise, um líder precisa de sabedoria para lidar com os aspectos negativos. Aqueles que são capazes de reagir sabiamente às adversidades são mais propensos a vencer nos negócios e o estoicismo valoriza essa resiliência.

Hoje, o grande desafio do mundo capitalista é a transformação digital. Segundo o teórico Joseph Schumpeter,

> a disrupção funciona em ciclos inescapáveis: cada nova revolução no mercado destrói o ciclo anterior, numa espécie de darwinismo corporativo eterno, que concede apenas aos mais ágeis o privilégio de sobreviver à sede de renovação do tempo.

As empresas consolidadas enfrentam grandes dificuldades, sendo que um dos maiores desafios é o sucesso que tiveram no passado; as armadilhas da competência são crenças de que os fatores que levaram ao sucesso no passado também levarão no futuro.

Um exemplo recente é a crise no setor de shopping centers; segundo o Credit Suisse, nos próximos cinco anos deverão fechar cerca de 25% dos shoppings nos Estados Unidos, pois boa parte do varejo mundial está migrando para o e-commerce. Uma das alternativas é que virem centros de logística; a Amazon, por exemplo, já comprou vários deles para montar seus centros de distribuição.

Outra alternativa é transformar o espaço de shopping em ambientes de convívio, com moradias, espaços de escritórios e algumas lojas, cenário que deve ser redesenhado paulatinamente.

A mudança é a única constante na vida

Heráclito de Éfeso já dizia: "Nós não podemos nunca entrar no mesmo rio, pois, como as águas, nós mesmos já somos outros". É preciso ter muita inteligência emocional para lidar com tantas transformações. Como se vê, ao longo dos anos que experienciei, não obstante os relatos de natureza histórica apresentados, vê-se que a inteligência emocional, mesmo antes de sua nomenclatura, já existia nos anais da Filosofia, o que só ratifica a importância dessa ferramenta no âmbito empresarial, assim como em outras atividades que envolvem o ser humano.

Com efeito, não se pode deixar de reconhecer que a inteligência emocional é a força motriz em qualquer negócio, seja de qual ramo for, tanto que nas mudanças profissionais que fiz e vivi em minha vida, talvez a maior delas tenha sido após o falecimento do meu marido e sócio, quando eu tinha 50 anos. Mais uma vez redesenhei meu cenário, superando o luto, com todas as ferramentas da IE, migrando para o seguimento de alimento/doceria em sociedade com minha filha, trazendo na bagagem o conhecimento e a prática de anos de gestão financeira e pessoal.

Além disso, voltei meu olhar para outras competências que havia deixado no passado, retomando meus estudos na música e no canto e abrindo as portas para um novo saber, na área da Filosofia.

Como se observa, em 42 anos de vida profissional, tendo iniciado aos 18 anos, vivi diversos cenários de aprendizado e desafios, que me fizeram cada dia mais forte e dinâmica. É bem verdade que olhando hoje para trás percebo que minhas *soft skills* estiveram presentes ao meu lado, mesmo sem que eu percebesse em alguns momentos, mas a essência de uma gestão empresarial humanizada sempre foi o meu norte, o que me fez olhar para cada colaborador com significado e gratidão. Penso assim que o resultado nessa caminhada, com meus valores voltados para IE, foi ter conseguido transformar muitas vidas e me transformar as vezes que foram necessárias.

Saí do luto ao lótus

Hoje encontro mais significado em me reinventar todos os dias, como empresária e sempre estudante, mãe, avó, entre tantos outros papéis assumidos na maturidade, quando me sinto emocionalmente no topo da minha montanha, alusão que faço à obra de David Brooks, *A Segunda Montanha*.

A felicidade da maturidade reside na capacidade de estar na segunda montanha, depois de uma escalada nem sempre tão fácil, quando chegamos ao momento de levar a vida com mais comprometimento e leveza.

Segundo o autor, é importante "entender que, na vida, os momentos de tristeza vão acontecer e nós podemos extrair aprendizados e nos aproximar da nossa humanidade por meio deles", exatamente como a inteligência emocional nos transmite.

Não se pode ignorar que, embora a vida nos apresente o estresse e o cansaço, as decepções e dores, o topo da montanha reside, para qualquer pessoa, de idade indistinta, parar no seu cume e olhar as possibilidades em seu entorno, abrindo o coração e a mente em uma perspectiva de 360°, sendo exatamente quem é.

Marco Aurélio, grande Filósofo, com bastante propriedade exortou:

> As pessoas procuram retiros nas casas de campo, à beira mar, na serra... Mas não há **nenhum lugar onde a pessoa possa** encontrar um retiro de mais paz e tranquilidade do que sua própria alma. Então se proporcione constantemente esse retiro e refaça a si mesmo. Por isso, cada um deve buscar desenvolver suas soft skills, sabendo que o DNA emocional é único, singular, onde cada pessoa encontra o seu jeito de ser feliz, a sua medida de sucesso, porque no final, vencer é ser você!

Referências

BERNARDES, A. *Inteligência emocional no trabalho: como desenvolver em 5 passos*. Tera Blog. Disponível em: <https://blog.somostera.com/transicao-de-carreira/inteligencia-emocional-no-trabalho>. Acesso em: 2 mar. de 2024.

KANE, G. C.; PHILLIPS, A. N.; COPULSKY, J. R., ANDRUS, G. R.; *Tecnologia não é tudo – Entenda por que as pessoas são a verdadeira chave para a transformação digital do seu negócio*. Tradução de Cristina Yamagami. São Paulo, Benvirá, 2020.

LUFKIN, B. (BBC Worklife). Por que enaltecemos os workaholics? *Uol*, 02/07/2021. Disponível em: <https://economia.uol.com.br/noticias/bbc/2021/07/02/por-que-enaltecemos-workaholics.htm>. Acesso em: 2 mar. de 2024.

MAIS DE 730 MIL EMPRESAS JÁ FECHARAM NO PAÍS EM 2023. *O Globo*. Rio de Janeiro, 03/08/2023. Disponível em: <https://oglobo.globo.com/patrocinado/dino/noticia/2023/08/03/mais-de-730-mil-empresas-ja-fecharam-no-pais-em-2023.ghtml>. Acesso em: 2 mar. de 2024.

MARQUES, J. R. *Qual a importância da inteligência emocional nas empresas?* Instituto Brasileiro de Coaching. São Paulo, 22/03/2022. Disponível em: <https://www.ibccoaching.com.br/portal/comportamento/qual-importancia-inteligencia-emocional-empresas/#:~:text=Um%20ambiente%20corporativo%20formado%20por,n%C3%A3o%20h%C3%A1%20ru%C3%ADdos%20de%20comunica%C3%A7%C3%A3o>. Acesso em: 2 mar. de 2024.

MORENO, F. (Portal Startse). O shopping center tradicional está para morrer (e vai nascer algo no lugar). *FCDL Santa Catarina.* Disponível em: https://couromoda.com/o-shopping-center-tradicional-esta-para-morrer-e-vai-nascer-algo-no-lugar/. Acesso em: 3 mar. 2024.

NUBE. *TV Nube: por que ter inteligência emocional.* 26/09/2022. Disponível em: <https://www.nube.com.br/tv-nube/2020/12/31/tv-nube-inteligencia-emocional-e-importante-na-carreira#:~:text=A%20intelig%C3%AAncia%20emocional%20%C3%A9%20um,busca%20pelos%20objetivos%20da%20vida>. Acesso em: 2 mar. de 2024.

QUEIROGA, M. Taxa de sobrevivência de uma empresa no Brasil. *Folha de Pernambuco,* 17/04/2023. Disponível em: <https://www.folhape.com.br/economia/taxa-de-sobrevivencia-no- periodo-de-5-anos-e-abaixo-de-50-para-mpes/266515/>. Acesso em: 2 mar. de 2024.

ZANETTA, C. O estoicismo pode ser a sua ferramenta de liderança. *Exame – Bússola,* 17/05/2023. Disponível em: <https://exame.com/bussola/o-estoicismo-pode-ser-a-sua-ferramenta-de-lideranca/>. Acesso em: 2 mar. de 2024.

05

A INTELIGÊNCIA EMOCIONAL NO CONTEXTO DAS EMPRESAS FAMILIARES

Neste capítulo, exploro a organização de empresas familiares, destacando sua relevância e características únicas, como relações de poder, sucessão, cultura e o desenvolvimento dos profissionais.

Com quase 20 anos de experiência, sendo a maior parte em empresas familiares – pelas quais tenho muita gratidão por cada uma delas – compartilho minha visão e a de outros autores sobre o tema.

O objetivo é fornecer para você, leitor, *insights* sobre como aplicar inteligência emocional nesse contexto.

CAMILA COSTA

Camila Costa

Graduada em Psicologia e Gestão de pessoas nas Organizações pela Uniban. Pós-graduada em Gestão Estratégica de Pessoas e MBA em Gestão Estratégica de Negócios. Formação em *Coaching* e Análise do Comportamento DISC pela SLAC (Sociedade Latino-Americano de Coaching). Sou empreendedora, tenho a minha consultoria, a C.C. Coaching e Consultoria de RH, executiva de RH há mais de 15 anos e psicóloga clínica (Junguiana). Coautora do livro *Impulsionadores de carreira* (Literare Books). No entanto, os papéis de que tenho mais orgulho é ser mãe da Giovanna e parceira de vida do Rodrigo.

Acredito muito no trabalho solidário e, por essa razão, me tornei palhaça em hospitais. Para mim não há nada mais valioso que o riso e o sorriso genuíno.

Contato
LinkedIn: https://www.linkedin.com/in/camila-costa-76a79347/

Introdução

Neste capítulo, irei demonstrar por meio de dados, conceitos e com compartilhamento da minha experiência profissional como se dá a organização das empresas familiares e como usar a inteligência emocional (IE) a seu favor.

Sendo um tema de extrema importância a ser discutido, e na minha opinião pouco explorado, pois somente no Brasil este tipo de instituição emprega 75% da força de trabalho do país.

Independentemente se a empresa é familiar ou não, esta possui desafios, mas quando se trata de uma empresa familiar, além dos desafios que são comuns a qualquer tipo de empresa, há características específicas, como as relações de poder, sucessão e como essa dinâmica e cultura influenciam o desenvolvimento da própria empresa e profissionais – e como consequência poderá exigir mais IE de cada indivíduo.

Estou há quase 20 anos no mercado de trabalho, e em 80% da minha jornada trabalhei em empresas familiares, pelas quais tenho muito carinho e gratidão e por essa razão, tenho o prazer de compartilhar a minha visão pessoal e de outros autores que estudam sobre o tema. E não há empresa certa ou errada, a melhor empresa para se trabalhar é aquela na qual você se identifica e se sente respeitado como pessoa e profissional.

O principal objetivo aqui não será realizar críticas a este tipo de empresa, e sim contextualizar você, leitor, para ajudá-lo com *insights* de como aplicar a inteligência emocional quando for trabalhar ou prestar serviços para empresas com esse perfil.

O que é uma empresa familiar e qual a sua importância no Brasil

O conceito é simples, uma empresa onde tanto a propriedade e administração, quanto o controle sobre as decisões operativas, estão nas mãos de uma ou mais pessoas da família.

Esse tipo de organização, segundo Vidigal (1996), exerce um relevante papel econômico, social, científico, gerencial e de influência política no cenário mundial, mas também apresentam desafios intrínsecos à sua natureza.

Os maiores desafios são: conduta de gestão de conflitos, planejamento sucessório e à promoção de profissionalização na gestão das suas estruturas.

No Brasil 90% das empresas possuem o perfil familiar, emprega 75% da força de trabalho do país e é responsável economicamente por 65% do PIB (Produto Interno Bruto), dados levantados pelo IBGE-2022 (Instituto Brasileiro de Geografia e Estatística).

Pela representatividade exposta, a empresa PricewaterhouseCoopers (PwC) desenvolveu uma pesquisa focada em empresas familiares na qual traz dados interessantes. Esses dados saíram na pesquisa 2022/2023.

Uma das descobertas foi que um dos diferenciais competitivos desse tipo de empresa é a confiança – por não possuir um perfil de governança rígido, consegue realizar ajustes de rota de maneira rápida, essa pesquisa olha tanto para dentro (colaboradores) quanto para fora (mercado). A confiança é importante porque resulta em mais lucratividade, estimula o alto desempenho, mas ainda há oportunidades de melhoria.

A metodologia utilizada para mensurar o grau de confiança dentro das empresas familiares, respondida pelos próprios C-Levels, consiste em quatro pilares:

1. **Competência** (a empresa é boa no que faz?).
2. **Motivo** (a empresa serve a interesses de quem?).
3. **Meio** (como a empresa atinge seus objetivos?).
4. **Impacto** (quais são os resultados tangíveis da empresa, em contraste com os que ela alega ter?).

O resultado consiste em duas visões, quanto possuem de confiança *vs.* quanto entendem que precisam melhorar:

Brasil

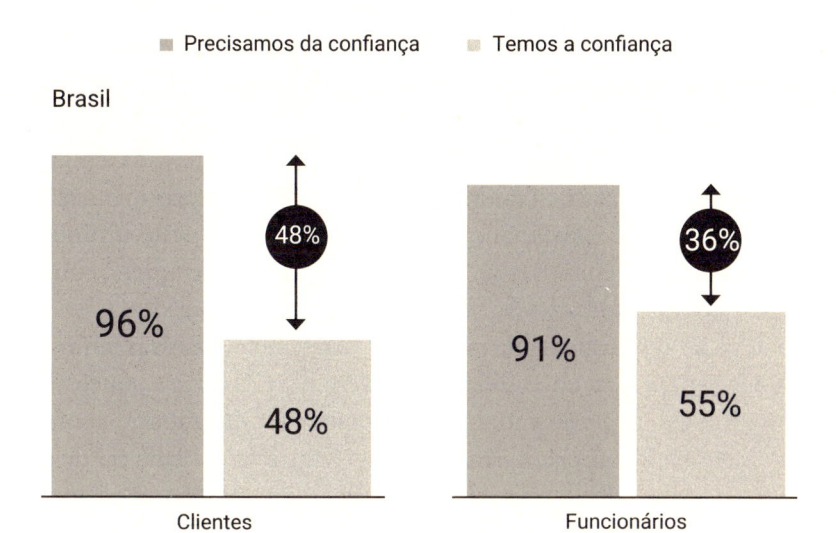

■ Precisamos da confiança   ■ Temos a confiança

Clientes: 96% / 48% (48%)
Funcionários: 91% / 55% (36%)

* Q: Qual é a importância da confiança dos seguintes grupos de *stakeholders* para a sua empresa? (Respostas: "essencial" e "muito importante")
** Q: Qual das afirmações abaixo, em sua opinião, melhor descreve o nível de confiança que os seguintes grupos de stakeholders têm na sua empresa?
Fonte: Mendonça e Rocha (2024).

Como há um pequeno grupo detentor do poder de decisão, automaticamente as informações e decisões que em geral impactam muitas áreas e pessoas não são compartilhadas e/ou cascateadas de forma consciente, e, quando isso ocorre, normalmente não é feita com clareza, garantindo que atingiu todos os níveis hierárquicos da cia. Um dos primeiros fatores que impactam o fortalecimento na relação de confiança, é a falta de transparência na comunicação.

Ficando claro que, por meio da ótica dos respondentes, a desconexão entre as visões tradicionais sobre confiança, e como seus posicionamentos operam hoje, está impactando o fortalecimento da confiança com os principais *stakeholders* (clientes e colaboradores), evidencia pontos de melhoria e como elas precisarão se transformar para preservar seu legado, porque sem clientes e sem colaboradores não haverá perpetuidade.

A maior parte das empresas familiares ainda são compostas por decisores que possuem laços consanguíneos, mas, ao longo dos últimos anos, percebi que profissionais que não possuem laços consanguíneos estão sendo "adotados" pela família. Isso se dá às vezes por falta de sucessores ou pela falta de confiança nos membros da família, o "adotado" pode fazer parte desse pequeno grupo de decisores; esses profissionais são considerados da família, não são escolhidos somente pelos bons resultados, mas, com grande peso, por sua influência e lealdade.

Toda empresa possui seus desafios, mas quando se trata de empresas familiares há algumas particularidades diferentes das empresas que não são, por exemplo, sucessão, governança e comunicação, sendo este último um desafio para todas as empresas (e sempre será), mas, na empresa familiar, algumas decisões são tomadas por um grupo restrito, pois informação é poder. São decisões estratégicas que podem ser vistas como positivas tanto para dentro quanto para fora, entendidas que devem ficar restritas a poucos, pois o interesse individual ainda é maior que o coletivo, e em muitos casos esse posicionamento é inconsciente em relação aos impactos da falta ou de uma comunicação com ruídos, pois muitos dos executivos, tomadores de decisão, tiveram pouca ou nenhuma experiência profissional fora de sua empresa, não possuindo referências e repertório para agir diferente do que acreditam ser o certo. E quando não conseguem crescer de acordo com o esperado, normalmente solicitam ajuda de consultorias de gestão empresarial para realizar um diagnóstico, e um dos principais motivos é a inexistência ou a deficiência na comunicação com todos os envolvidos. Por essa razão, no estudo da PwC, chegou-se à conclusão de que terão de se reinventar, e um dos caminhos é profissionalizar a empresa, o que exige uma mudança de *mindset* para passar pelo processo – a inteligência emocional é uma habilidade indispensável, o que leva a uma transformação cultural.

O que é inteligência emocional e como aplicá-la no ambiente corporativo?

A inteligência emocional é a capacidade de reconhecer as emoções tanto em nós mesmos quanto no outro, e gerenciar nossa resposta a elas. Uma boa definição é um conjunto de habilidades que permitem uma maior adaptabilidade da pessoa às mudanças, e de preferência com pouco ou nenhum sofrimento.

Diversos autores colocam o conceito de maneira bastante rica, mas Goleman (2001) traz de modo objetivo os cinco principais pilares:

1. **Autoconsciência**: capacidade de analisar as emoções e prever reações.
2. **Autorregulação**: controle das emoções durante tensão.
3. **Automotivação**: uso das emoções de maneira adequada.
4. **Empatia**: habilidade de se colocar no lugar do outro.
5. **Habilidades sociais**: manter boas relações.

Parece fácil desenvolver esses cinco pilares, mas não é. Acredite, tenho experiências que me permitem contribuir com o tema, sou psicóloga clínica e também executiva de Recursos Humanos, ajudei e facilitei e ainda o faço, muitos processos de desenvolvimento desses pilares, seja de modo individual ou coletivo, e uma coisa é certa: só é possível evoluir quando uma pessoa que compõe um grupo de pessoas opta por desenvolver o primeiro item, a "Autoconsciência", ou seja, o trabalho começa individualmente. Para impactar o coletivo, é preciso buscar autoconhecimento, entender seus limites, se orgulhar do indivíduo que é, e abraçar a sua sombra. Somente com esse conhecimento profundo de si mesmo a pessoa será capaz de identificar as emoções do outro, para que seja possível distinguir o que é seu e o que é do outro, e assim evoluir nos demais pilares. Costumo falar para os meus times: seja a mudança que você quer ver no mundo!

Gostaria de esclarecer uma diferença que no mundo corporativo costuma causar confusão: a inteligência emocional é diferente de polidez, são coisas bem distintas, mas que se complementam.

O significado da palavra polidez é gentileza, cortesia e civilidade. No ambiente de trabalho, normalmente essa é a postura esperada, mas que reflete um comportamento externo; esse indivíduo pode estar abalado internamente e com dificuldades de lidar com as suas emoções e as do outro, e é nesse momento que há perda da racionalidade e clareza, levando a mudanças comportamentais muitas vezes negativas, com o objetivo de se proteger, voltando-se complementarmente para si mesmo (egocentrismo), podendo resultar em psicossomatização.

Como aplicar a inteligência emocional sem receita mágica

Esta habilidade é importante tanto para vida pessoal quanto profissional, mas vamos nos ater ao ambiente corporativo.

A inteligência emocional é uma habilidade conhecida como *soft skill*, onde é esperada de qualquer nível hierárquico – quanto mais alto o cargo, maior será o nível de exigência.

Deve-se enfatizar que, com o crescimento da globalização em muitos negócios, a inteligência emocional desempenha um papel ainda mais significativo no trabalho: equipes multiculturais e de várias gerações diferentes devem aprender a se comunicar de maneira assertiva, expressar seus pensamentos e opiniões, bem como permitir que o outro também faça isso, ambos de maneira respeitosa.

As interações com colegas de trabalho, clientes, fornecedores, liderados e líderes estão ficando cada vez mais complexas, devido às rápidas mudanças de contexto que acontecem no mercado, e muitas vezes exigem de nós uma postura mais adaptável e flexível. Por isso, ser emocionalmente capaz de ter empatia, envolver e trabalhar com pessoas de outros grupos sociais aumentará o desempenho e a eficácia dos negócios em um cenário tão diverso.

As empresas experientes estão percebendo que reconhecer as emoções de seus colaboradores pode gerar ambientes mais saudáveis – essa preocupação se intensificou após a pandemia. Isso significa que as pessoas têm uma chance maior de estarem cientes das próprias emoções e das emoções dos outros.

Nessa era digital, em que as mudanças acontecem rapidamente, é um diferencial manter colaboradores que possuem maior inteligência emocional e são mais adaptáveis às mudanças. As empresas que possuírem a maior parte da força de trabalho com essas características terão vantagem competitiva frente aos seus concorrentes.

Os líderes com maior inteligência emocional tendem a ter colaboradores mais felizes que permanecem mais tempo no quadro da empresa, reduzindo os custos de *turnover* e se esforçam mais, e, como consequência, haverá o aumento da produtividade.

Neste capítulo, ficou esclarecido tanto o conceito de empresa familiar e suas características, quanto de inteligência emocional, mas creio que a pergunta que esteja se fazendo agora é: "Como aplicar a IE dentro de uma empresa familiar?"

É importante lembrar que existem vários portes e segmentos de empresas familiares que vão exigir mais ou menos inteligência emocional. Fatores culturais (regionais e da empresa), história da empresa, perfil do fundador ou fundadores, se atuam como executivos ou conselheiros e o segmento (características), são elementos-chave para realizar uma leitura do contexto para entender o quanto será exigido de você.

Contudo, como já explicado, não há fórmula mágica, será necessário um grande esforço por parte do indivíduo para desenvolver os cinco pilares, começando por si mesmo.

Nos meus livros, costumo deixar clara a responsabilidade compartilhada em uma relação de trabalho, em que tanto o empregado quanto o empregador precisam estar dispostos e abertos a construírem uma relação saudável.

A empresa precisa proporcionar um ambiente que estimule, acolha e respeite a inteligência emocional de seus colaboradores, e você, que é um indivíduo antes de ser um colaborador, o que está fazendo para desenvolver a sua inteligência emocional?

Lembre-se de que você pode contribuir positivamente para todos os grupos sociais dos quais faz parte, e inclusive pode influenciar outros indivíduos a desenvolverem a IE também. O mundo corporativo não é diferente, é só mais um grupo social e, quando focamos na empresa familiar, trata-se de um grupo social com culturas mais fortes, pois normalmente possui características latentes do(s) fundador(es), a profissionalização acontece em passos mais lentos por conta do comportamento dos poucos decisores, porém, com a sua inteligência emocional fortalecida, aliada a uma boa leitura de contexto da empresa, é muito provável que a sua jornada seja recheada de muito aprendizado e crescimento. Afirmo com conhecimento de causa, pois a cada ano venho fortalecendo a minha IE e sinto-me realizada em minha carreira.

Espero ter contribuído para o seu crescimento pessoal e profissional e lhe desejo sucesso, pois talento não precisa de sorte!

Referências

CONEXÃO PUC Minas. *Inteligência emocional no trabalho: qual é a sua importância e como desenvolvê-la.* Disponível em: <https://conexao.pucminas.br/blog/carreira/inteligencia-emocional-no-trabalho/>. Acesso em: 2 mar. de 2024.

EXAME. *Qual é o grande desafio à longevidade das empresas familiares brasileiras, segundo a Dom Cabral.* Disponível em: <https://exame.com/negocios/qual-e-o-grande-desafio-a-longevidade-das-empresas-familiares-brasileiras-segundo-a-dom-cabral/>. Acesso em: 2 mar. de 2024.

GOLEMAN, D. *Inteligência emocional: A teoria revolucionária que define o que é ser inteligente.* São Paulo: Objetiva, 2001.

MENDONÇA, C.; ROCHA, H. As empresas familiares precisam adotar novas prioridades para garantir seu legado. *PwC.* Disponível em: <https://www.pwc.com.br/pt/estudos/setores-atividade/empresas-familiares/2023/pesquisa-global-de-empresas-familiares-2023.html>. Acesso em: 2 mar. de 2024.

VIDIGAL, C. A.; *Viva a empresa familiar.* Rio de Janeiro: Editora Rocco, 1996.

06

A INTELIGÊNCIA EMOCIONAL NA VIDA

Quero compartilhar com vocês um pouco do que aprendi sobre a inteligência emocional. Há alguns anos, estudo o quarto caminho e aplico essa filosofia no meu dia a dia. Posso dizer que a vida tem outro sabor e conto, aqui, essa experiência para divulgar cada vez mais essa possibilidade de harmonia interior.

CAROLINE HERRERA

Caroline Herrera

Caroline Herrera é especialista em sistema de gestão, ESG, desenvolvimento da liderança e processos sustentáveis.
Possui sólida experiência na condução de grupos voltados para o desenvolvimento pessoal tendo como base a filosofia do quarto caminho. Sua intenção é compartilhar experiências e mostrar como aplicar, no dia a dia, os conceitos desse ensinamento, que promovem harmonia interior e melhora as relações interpessoais.
Sua busca por conhecimento, espiritualidade e como aplicá-los na vida possibilitaram a criação de uma metodologia para ajudar a liderança no desenvolvimento sustentável de sua equipe por meio da colaboração e promover transformação e impacto positivo.
Que alegria desenvolver projetos, pessoas e sistemas a partir da colaboração!

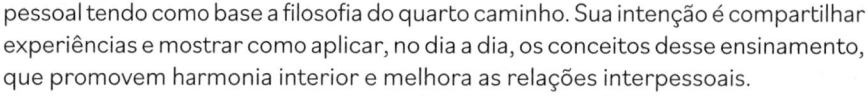

Contatos
herrera.caroline@gmail.com
LinkedIn: caroline-herrera
Instagram: @mentoracarolineherrera
11 91199 0253

Vivi um momento de grande insatisfação em todas as áreas de minha vida e nesse momento de revisão, muita pesquisa, procura, encontrei Gurdjieff – o senhor G. – um buscador do conhecimento, que procurava respostas para questões como: "O que estou fazendo aqui?". Ele viajou o mundo nessa busca, conheceu muitas pessoas, culturas, práticas e, na minha opinião, foi genial ao criar uma metodologia que traduz para o homem moderno ensinamentos milenares.

É preciso saber que não nos conhecemos, precisamos nos observar para perceber que temos uma vida interior que acontece simultaneamente com a nossa vida exterior. "O desenvolvimento do homem opera em duas linhas: Saber e ser" (OUSPENSKY, 1982).

O conhecimento (saber) e a prática (ser) caminham juntos nessa jornada. Essa é a minha proposta, trazer para vida a prática de conceitos complexos.

> G. nos trouxe um conhecimento da consciência, uma ciência que mostra o que nós somos e nossa capacidade potencial e o que necessita ser desenvolvido. Trata-se do que precisa ser trabalhado em nós, de sua relação com tudo ao nosso redor. Ele veio para trazer um ensinamento, mostrar um caminho em direção à consciência (SALZAMANN, 2015).

Quando li isso pela primeira vez, me perguntei: "Tenho consciência de quê? Eu não me conheço? É possível isso?".

Começo um caminho em busca de consciência, preciso descobrir a força da vida interior e começo a olhar para dentro.

Essa pesquisa de mim pede uma nova atitude: um olhar para dentro – chamaremos de Observação de si.

Dentro de mim, as emoções borbulham, os pensamentos não param e o corpo sente o resultado desse caos interno.

Onde está a minha atenção? Eu, aqui, agora. Preciso lembrar de mim muitas vezes ao dia e fotografar a vida interior naquele momento.

Essa nova atitude me abre as minhas funções, começo a me perceber de fato.

> O progresso espiritual depende da compreensão, que é determinada pelo nível do ser da pessoa. A mudança no ser é possível por meio de esforço consciente em direção a uma qualidade de pensar e de sentir que traz uma nova capacidade de ver e amar (SALZAMANN, 2015).

"A compreensão é função dos três centros" – percebemos que a vida interior é uma tríade que opera simultaneamente: corpo, mente e emoção. O conhecimento do funcionamento dela e como ela age na minha vida promove o desenvolvimento do ser.

Algo acontece e essa administração de mim melhora a vida. Começa aqui o despertar da inteligência emocional – que, como vimos, não depende somente das emoções.

Já percebeu como isso funciona na sua vida?

A educação tradicional não considera a vida que existe dentro. Temos vida interior – pensamentos, diálogos internos, sentimentos – e esta coexiste com a vida exterior. Dar-se conta dessa vida interior é importante, conhecer e administrá-la é uma ferramenta valiosa. Relacionar-se com o mundo exterior, pessoas e compromissos gera atrito com o meu mundo interior o tempo todo. Emoções boas e ruins são despertadas.

"Viver em sociedade é um desafio porque às vezes ficamos presos a determinadas normas que nos obrigam a seguir regras limitadoras do nosso ser ou do nosso não ser..."

Quero dizer com isso que nós temos, no mínimo, duas personalidades: a objetiva, que todos ao nosso redor conhecem; e a subjetiva... Em alguns momentos, esta se mostra tão misteriosa que se perguntarmos "Quem somos?", não saberemos dizer ao certo!

Mas de uma coisa eu tenho certeza: sempre devemos ser autênticos, as pessoas precisam nos aceitar pelo que somos e não pelo que parecemos ser... Aqui reside o eterno conflito da aparência vs. essência. E você... O que pensa disso?

"Nunca sofra por não ser uma coisa ou por sê-la" (LISPECTOR, 2019).

E esse viver em sociedade tem trazido sérios problemas que afetam a qualidade de vida. O Brasil foi considerado o país mais ansioso do mundo e o quinto mais depressivo, segundo a Organização Mundial da Saúde (2022).

Aprender a se ver é a primeira iniciação; a segunda é direcionar sua atenção para um esforço consciente, intencional que vai desenvolver a gestão da sua vida interior e permitirá relacionar-se melhor com a vida exterior.

Essa pesquisa voltada para dentro nos leva a perceber a existência, de nossa tríade – corpo, emoção e mente. Quando essa tríade trabalha em harmonia, faço uma boa gestão de mim, porém, quando está desalinhada, gera resultados negativos como ansiedade, insatisfação e depressão aparecem.

Vou chamar essa gestão de mim de inteligência emocional.

A partir da descoberta desta presença, é necessário desenvolver um alinhamento positivo e posso treinar minha tríade para que eu tenha uma vida mais equilibrada, constante e harmônica.

A gestão da sua tríade: viver a experiência

Abrir-se a uma nova atitude, olhar para dentro, observar-se verdadeiramente sem julgamento, interação com o que observa de sua vida interior, essa nova atitude vai despertar a consciência de uma nova realidade, fundamental para que eu desenvolva esse estudo de mim.

Aprender a ver-se é a primeira iniciação, uma nova atitude diante do desconforto.

Quando algo o(a) incomoda, é importante observar o que em mim se incomoda, o meu corpo sente algo? Alguma emoção é gerada? O que despertou esse incômodo? O incômodo geralmente é a emoção interior reagindo ao estímulo externo que foi despertado.

É necessário reconhecer que somos seres altamente reativos e devemos tomar novas atitudes como parar, observar e depois reagir. Aqui algo acontece e você perceberá que gradativamente a sua reação negativa diminuirá.

A partir daí, conhecendo esse outro sabor, reajo diferente aos estímulos exteriores, sejam eles positivos ou negativos. Parece que até o trânsito melhora.

Aprender com o corpo é um ensinamento valioso e pouco conhecido – você já usou esse recurso?

Seu corpo o(a) ajuda o tempo todo ou sofre as consequências do não conhecimento de sua importância. Perceba o seu corpo em várias situações na sua vida: fazendo algo que gosta, em situação de estresse, fazendo algo que requer habilidade física, algo que requer atenção. Observe que ele tem certos padrões de comportamento nessas situações. Geralmente surgem tensões no corpo em situações de estresse. Ele sofre. Isso deve ser revisado para um melhor aproveitamento de sua energia.

A respiração é uma poderosa aliada. Direcionar a sua atenção para a respiração (sem interferir, apenas observar e acompanhar), trazer a atenção para o corpo, escaneá-lo e perceber o que há – tensões, dores, pensamentos, sentimentos, positivos, negativos. Observar-se nas situações. Identifique um padrão da tríade na situação. Isso é importante para o desenvolvimento da inteligência emocional. "Como estou aqui e agora? O que despertou essa tensão no corpo? Uma emoção reativa? O que gerou isso?". Esses questionamentos são importantes na pesquisa da observação de si, pois a partir deles coisas interessantes são despertadas em nós.

Essa nova atitude traz calma, seguramente você terá uma resposta menos emocional reativa e mais racional.

> Nem sempre é necessário tornar-se forte. Temos que respirar nossas fraquezas (LISPECTOR, 2020).

Consulte o corpo, observe como ele está no momento. Tenso, relaxado, cansado, agitado, tire uma fotografia do seu estado.

Um aprendizado precioso é o de desidentificar com o outro (pessoas, situações). Um aprendizado muito útil é: nem tudo é com você. *Ah*, isso é libertador quando aplico nas situações da vida, ganho energia por não me apegar a coisas pequenas. Considerar que o outro não sou eu, e que o sistema em que vivemos é o que é (dual, intenso, rápido, excesso de informações), me isola emocionalmente das situações para que eu as resolva com mais razão e menos emoção reativa.

Separe a situação ou pessoa de você. Não se envolva emocionalmente ou leve para o lado pessoal.

Treine não perder tempo com situações, pessoas e pensamentos desnecessários, isso é perda de energia.

Direcione sua energia para uma atitude mais focada, consciente.

Uma boa gestão da sua tríade o(a) ajuda a programar de maneira estratégica momentos importantes, convidar o corpo para estar presente, colocar atenção nele seguramente vai favorecer a gestão do seu ser – corpo, mente e emoção – e o(a) ajudará a ter êxito nas situações.

Você pode levar para o ambiente de trabalho, onde muitas pessoas se desgastam e reclamam do estresse. Por exemplo, planeje reuniões que já sabe que serão difíceis, planeje com sua tríade, convide seu corpo para ajudar a perceber emoções reativas – o corpo ficou tenso, levou um choque – é hora de respirar, desidentificar e depois fazer as colocações necessárias.

Ao prever de antemão os pontos críticos, você saberá colocá-los com mais atenção e menos emoção.

O ambiente percebe e as coisas fluem melhor.

Esse treinamento diário, que consiste nas novas atitudes frente ao desconforto, tem como objetivo o caminho da consciência, esforços diários que possibilitam conhecer quem eu sou na íntegra e promovem o desenvolvimento da inteligência emocional.

De bem com sua tríade, a vida fica mais leve – recebo um elogio e fico feliz, recebo uma crítica e fico triste, e quando estou de bem com minha tríade recebo qualquer um dos dois e fico neutra, bem comigo mesma. Desidentificada.

> O que é difícil de entender é que sem esforço consciente nada é possível. O esforço consciente está relacionado à natureza superior. Minha natureza inferior por si só não pode me levar à consciência. Ela é cega. Mas quando acordo e sinto que pertenço a um mundo superior, isso é apenas parte de um esforço consciente. Só me torno verdadeiramente consciente quando me abro a todas as minhas possibilidades, superiores e inferiores. Só há valor no esforço consciente.
> (SALZAMMAN, 2015)

Informo que só pode saborear quem experimenta, é necessário colocar os conceitos em prática na vida.

E me diga: o que você acha dessa vida com presença e maior controle das suas emoções?

Aqui é um convite para trilhar esse caminho do conhecimento de si para poder viver melhor neste mundo.

Essas novas atitudes, quando levadas ao nosso dia a dia, promovem foco, produtividade e harmonia.

Esforços individuais melhoram o ambiente em que você está, geram ganho para todo o sistema. Todos ganham quando uma pessoa faz um esforço individual, esse é o impacto do seu desenvolvimento pessoal, você é importante.

A conquista da estabilidade

Essa nova maneira de viver a vida não é trivial e sustentá-la, ao mesmo tempo em que todos agem diferente, pede por determinação e persistência.

> Nosso caminho é viver essas ideias para compreendê-las e transmitir o ensinamento a outros se na medida em que somos capazes de vivê-lo com eles. Semear as ideias sem vivê-las é semear ideias que são vazias. Gurdjieff nos deixou não somente palavras e ideias para serem transmitidas, mas uma certa vida a ser vivida, um drama a ser desempenhado com outros a nosso redor, sem o que nosso trabalho permanecerá imaginário (SALZAMANN, 2015).

A inclusão desse ensinamento na vida às vezes é desafiadora porque vai contra o movimento da maioria das pessoas. Para ter constância, os grupos de estudo são uma excelente ferramenta.

> Para que o autoconhecimento crie raízes e faça conexão com a alma, é preciso um grupo de estudo. Reflita sobre isso. Talvez seja a grande escolha da sua vida. (PERIN, 2024).

> O que é necessário, em nós e ao nosso redor, é a criação de um certo nível de energia, uma atenção que resiste às influências circundantes e não se deixa deteriorar. Então ela tem que receber uma força que é mais ativa, que lhe permitirá não somente resistir, mas ter uma ação e encontrar um lugar estável entre duas correntes de níveis diferentes. Essa possibilidade de equilíbrio é um desafio contínuo. O intervalo a ser confrontado em cada momento no trabalho em direção à consciência (SALZAMANN, 2015).

> O quarto caminho é um método, um caminho para sua evolução pessoal. Faça um movimento: pesquise! (PERIN, 2023).

Esse é meu convite, conheça sua vida interior para conquistar sua estabilidade emocional. Experimente esse novo sabor!

Referências

LISPECTOR C. *A descoberta do mundo.* São Paulo: Rocco, 2020.

LISPECTOR C. *Perto do coração selvagem.* São Paulo: Rocco, 2019.

PERIN S. Reflexão. São Paulo. 9 jan. de 2024. Instagram:@o4ocaminho_sandraperin. Disponível em: <https://www.instagram.com/p/C14LuNSuGUA/>. Acesso em: 7 jun. de 2024.

PERIN S. Quarto caminho. São Paulo. 12 mar. de 2023. Instagram:@o4ocaminho_sandraperin. Disponível em: <https://www.instagram.com/p/Cpr73ojhtq_/>. Acesso em: 7 jun. de 2024.

OUSPENSKY P. D. *Fragmentos de um ensinamento desconhecido, em busca do milagroso.* São Paulo: Pensamento, 1982.

SALZMANN J. *A realidade do ser, o quarto caminho de Gurdieff.* São Paulo: Horus, 2015.

07

O RACIONAL E O EMOCIONAL NAS SOCIEDADES CONTEMPORÂNEAS

Este capítulo explora a interação entre o racional e o emocional na sociedade contemporânea, examinando como esses dois aspectos da cognição humana influenciam os comportamentos individual e coletivo. Aborda-se a crescente necessidade de conscientização sobre a importância das habilidades socioemocionais, como empatia, inteligência emocional na resolução de problemas, no contexto das demandas sociais e profissionais modernas.

CIDINHO MARQUES

Cidinho Marques

Pedagogo. Pós-graduado em Neuropsicologia. Mestre em Educação – Columbia University (EUA). Doutorando em Psicologia. Psicanalista (em formação). *Master* em *Coaching* pelo Instituto de Coaching Comportamental de Singapura. *Master* em *Coaching* Positivo – Instituto de Psi+ (Holanda). *Master* e *trainer* em PNL pela Sociedade de Programação Neurolinguística (EUA). Certificação internacional em Psicologia Positiva pelo Wholebeing Institute. Instrutor de meditação (Deepak Chopra Center – EUA). Escritor e palestrante.

Contatos
profcidmarques@gmail.com
Instagram: @profcidinhomarques
98 98114 6021

O mundo contemporâneo está claramente caracterizado por exigir dos seus habitantes adaptações a grandes e rápidas mudanças, que incluem a crescente globalização, volumes de informação cada vez maiores e mais rápidos, a impactante hegemonia da ciência e da tecnologia, destacando aqui o uso da inteligência artificial que, supostamente, "pensa" por nós, e a insistente supervalorização da competência cognitiva – às vezes em detrimento das habilidades socioemocionais. Essas mudanças influem direta, e indiretamente, no nosso *mindset* e exigem novas formas de pensarmos a vida e de nos comportarmos emocionalmente equilibrados em nossas relações intra e interpessoais.

A premissa descrita acima inclui, inevitavelmente, a quebra do paradigma de que somos seres racionais, contrastada pela corrente que defende que somos predominantemente emocionais. Antônio Damásio, renomado neurocientista e professor de neurologia, psicologia e neurociência na University of Southern California, em seu livro O erro de Descartes (1994), desafia a separação tradicional entre mente e corpo, proposta por René Descartes ("Penso, logo existo"), e argumenta que as emoções e sensações corporais desempenham um papel fundamental na tomada de decisões e na formação da consciência. Ele utiliza estudos de casos clínicos e evidências da neurociência para sustentar sua visão de que o pensamento e a emoção estão intimamente ligados, mas que somos predominantemente guiados pelas emoções. Já em *Five minds for the future*, o psicólogo Howard Gardner (2008) definiu as capacidades cognitivas que seriam mais valiosas e procuradas nos dias de hoje:

• A mente disciplinada, que provê o domínio das principais correntes de pensamentos.
• A mente sintetizadora, definida como a capacidade de integrar ideias de diferentes disciplinas ou esferas num todo coerente e saber comunicar essa integração a outras pessoas.

- A mente criadora, que é capacidade de descobrir e esclarecer novos problemas, questões e fenômenos.
- A mente respeitadora, ou seja, a consciência e a compreensão das diferenças entre seres humanos.
- A mente ética, que defende o cumprimento das responsabilidades de cada um enquanto trabalhador e cidadão.

Munida dessas competências aperfeiçoadas, uma pessoa estará preparada para lidar com o que é esperado dela nesta e nas próximas gerações. Sem essas "mentes", a pessoa estará à mercê de forças que não consegue compreender e, subjugada pela informação, pode se apresentar incapaz de ter sucesso no mundo do trabalho, na sua relação consigo mesma e com os outros. Das cinco competências eleitas pelo psicólogo, gostaríamos de pinçar "a mente criadora" como uma das mais importantes, posto que esta tem uma relação direta com o binômio razão e emoção, ou cognição e sentimento. Em nosso entendimento, um dos princípios que norteia essa relação é o de que "ter pensamento" não significa, necessariamente, "saber pensar". É nesse cenário que se destaca a inteligência emocional, que, acionada e desenvolvida, pode prover estados de emoções gerenciadas mais congruentemente.

Ter consciência quanto aos gatilhos psicológicos que são disparados e, mais que isso, aprender a gerenciá-los, parece fundamental para que se dê à operação do pensamento condições que favoreçam a sua qualidade. Segundo um outro renomado psicólogo, Daniel Goleman, "inteligência emocional é a capacidade de identificar os nossos próprios sentimentos e os dos outros, de nos motivarmos e de gerir bem as emoções dentro de nós e nos nossos relacionamentos". Para ele, a inteligência emocional é a maior responsável pelo sucesso ou insucesso dos indivíduos. Como exemplo, recorda que a maioria das situações de trabalho é envolvida por relacionamentos entre as pessoas e, desse modo, pessoas com qualidades de relacionamento humano, como afabilidade, empatia e gentileza, têm mais chances de obter o sucesso e a felicidade. Não é à toa que se fala tanto em *hard skills* e *soft skills*. *Hard skills* são habilidades técnicas e específicas relacionadas a conhecimentos concretos e mensuráveis, como programação, escrita técnica, fluência em um idioma, entre outras. Já as *soft skills* são habilidades interpessoais e comportamentais, como comunicação eficaz, trabalho em equipe, resolução de problemas e liderança. Enquanto as *hard skills* são geralmente adquiridas por meio de treinamento e prática direta, as *soft skills* são mais difíceis de quantificar e podem ser desenvolvidas ao longo do tempo, com experiências pessoais e profissionais.

O pensamento bem elaborado depende de fatores que envolvem aspectos que vão além da cognição. Tanto o pensamento lógico quanto o analógico, e até a intuição, podem ser favorecidos por uma boa saúde emocional. Uma mente calma pode ser o celeiro da lucidez e de sua expressão verbal. O que dizemos, como dizemos e, sobretudo, a energia empregada na expressão que, antes pensada, pode facilitar ou dificultar nossa comunicação com nós mesmos, com os outros e com o mundo. Como já foi dito, vivemos em um mundo abarrotado de informações sedutoras que podem sequestrar a nossa capacidade de lucidez, elemento fundamental para a clareza das relações comunicativas. Aqui vale a pena explicar o uso da palavra "sequestro": O sequestro pela amígdala é um termo usado na psicologia para descrever uma resposta emocional intensa e automática desencadeada pela amígdala, uma região do cérebro responsável pelo processamento das emoções. Quando ocorre um "sequestro pela amígdala", a pessoa pode reagir de maneira exagerada e impulsiva, sem considerar completamente as consequências de suas ações.

É nesse cenário que se destaca a inteligência emocional que, acionada e desenvolvida, pode prover estados de emoções gerenciadas. Ter consciência dos gatilhos psicológicos que são disparados e, mais que isso, aprender a gerenciá-los, parece fundamental para que se dê à operação do pensamento condições que favoreçam a sua qualidade. Os gatilhos emocionais são estímulos que provocam reações emocionais automáticas e rápidas nas pessoas. Eles funcionam porque ativam respostas emocionais profundamente enraizadas, muitas vezes relacionadas a experiências passadas, necessidades básicas ou instintos primitivos. Um gatilho emocional pode ser uma palavra, imagem, som, cheiro, ou qualquer outro estímulo sensorial que desencadeie uma resposta emocional. Por exemplo, uma música específica pode trazer à tona memórias de um momento feliz ou triste. Muitas vezes, os gatilhos emocionais estão ligados a experiências passadas. Por exemplo, uma pessoa que teve uma experiência traumática com um cachorro pode sentir medo ao ver ou ouvir um cachorro, mesmo que o animal não represente uma ameaça real. Alguns gatilhos emocionais estão relacionados a necessidades humanas básicas ou instintos de sobrevivência. Por exemplo, imagens de comida podem ativar a fome, enquanto um som alto e inesperado pode desencadear uma resposta de medo ou alerta. Os gatilhos emocionais podem influenciar decisões e comportamentos. Já, em 2019, a revista Você S/A revelou que 87% das demissões no Brasil ocorriam por problemas comportamentais e não necessariamente por falta de competência técnica.

Sem nenhuma dúvida, nossas condições emocionais influenciam nossa cognição. Levar em conta e cuidar de nossa saúde e equilíbrio emocionais podem ser determinantes para que nossos pensamentos reflitam e impulsionem atitudes apropriadas e adequadas aos desafios que, antes de serem enfrentados na prática, antecedem nossas concepções. Nesse sentido, é importante citar a significativa colaboração do médico psiquiatra brasileiro Augusto Cury, um dos mais expressivos defensores contemporâneos da necessidade de se aprender a gerenciar nossas emoções, habilidade fundamental para prover lucidez e discernimento nas nossas decisões e atitudes em direção ao bem viver. Cury é conhecido por abordar temas relacionados à inteligência emocional em suas obras. Ele defende que a inteligência emocional é essencial para o desenvolvimento pessoal e profissional, pois permite às pessoas gerenciarem suas emoções de modo saudável, lidarem com o estresse e com os desafios do dia a dia, e cultivarem relacionamentos interpessoais positivos.

Por outro lado, a neurociência vem trabalhando cada vez mais intensamente na busca de explicações de como o cérebro humano funciona no tocante à qualidade da sua saúde emocional. Suas descobertas têm causado significativos impactos não somente na medicina preventiva e curativa em relação às doenças mentais, mas na qualidade das condições que favorecem ou desfavorecem o comportamento humano. O estudo sobre maior ou menor presença de certos hormônios cerebrais tem se mostrado extremamente relevante para que se explique o comportamento das pessoas. A neurociência explica que o aprendizado da gestão das emoções é possível devido à plasticidade do cérebro, ou seja, sua capacidade de se adaptar e mudar ao longo do tempo em resposta a experiências e treinamento. As emoções são processadas em diferentes áreas do cérebro, incluindo a amígdala, o córtex pré-frontal e outras regiões relacionadas. Por meio de técnicas como a regulação emocional, a meditação da atenção plena (*mindfulness*) e a terapia cognitivo-comportamental, é possível fortalecer as conexões neurais associadas ao autocontrole, à tomada de decisão e à regulação emocional. Com a prática regular, essas habilidades podem se tornar mais automáticas e eficazes, permitindo que as pessoas gerenciem, cada vez melhor, suas emoções. Como exemplo, podemos citar que a dopamina em baixa quantidade é notada na ansiedade e depressão, que a serotonina está em alta no sentimento da felicidade e que a ocitocina é destaque no sentimento do amor. O clássico dilema mental do "lutar ou fugir" que se apresenta nas situações desafiadoras, e em especial naquelas que ameaçam a sobrevivência do ser humano, traz uma grande quantidade de adrenalina e noradrenalina.

A qualidade e a quantidade de *insights* que favorecem a criatividade, uma das competências citadas por Gardner (2008), estão intimamente ligadas às condições de saúde emocional. Por mais que se tenha treinado e desenvolvido a cognição, esta pode ser significativamente prejudicada por uma má condição emocional do sujeito. Portanto, cuidar para que os processos de educação, tanto os formais, da escola, como os informais, da família, e nos ambientes corporativos, sejam promotores de oportunidades para o aprender a pensar é tão indispensável quanto se educar para a gestão das emoções. A mente "livre" e consciente da autoria de sua própria história exige a habilidade de se saber gerenciar as emoções. E um mundo de excesso de informações e de seduções para tantos direcionamentos de foco tem causado, dentre outros males, o que Augusto Cury denominou de "SPA" – a síndrome do pensamento acelerado, muitas vezes confundida com o distúrbio neurológico do transtorno do déficit de atenção e hiperatividade. Defende, ainda, que ser capaz de pensar antes de reagir, saber se proteger das emoções negativas e filtrar estímulos estressantes, além de ser capaz de tirar os disfarces sociais para reconhecer conflitos internos, fragilidades e atitudes estúpidas, são algumas das importantes condições da autogestão emocional.

No meu trabalho como terapeuta, procuro sempre lastrear o desenvolvimento das sessões sob a premissa de que a minha meta não é dizer às pessoas o que elas devem fazer, mas ajudá-las a acionar sua capacidade de reconhecer e gerenciar suas emoções e, assim, ficarem mais aptas a produzir pensamentos mais lúcidos e congruentes sobre si mesmos. Maiêutica aqui é a palavra-chave. No fundo, no fundo, as pessoas já dispõem de respostas, para a maioria de suas dúvidas, dentro de si mesmas, mas ora por não saberem concatenar ideias, ora por se deixarem sequestrar pelo sistema límbico – o arcabouço emocional do cérebro – terminam por não permitirem que "o parto de ideias" aconteça. Todavia, sei e levo em conta em minha práxis terapêutica que, sob o ponto de vista psicanalítico, são justamente a livre expressão e a liberdade para sentir, reconhecer e perlaborar (trabalhar de maneira profunda e intensa as questões psicológicas) que permitem que o inconsciente ascenda ao consciente. A ascendência dos conteúdos do inconsciente ao consciente pode ocorrer de várias maneiras, geralmente por meio de processos como sonhos, lapsos verbais, lapsos de memória, associações livres e projeções. Quando os conteúdos inconscientes emergem para a consciência, podem causar uma série de consequências construtivas, incluindo:

- Autoconhecimento: a compreensão dos conteúdos inconscientes pode levar a uma maior compreensão de si mesmo, de seus padrões de comportamento e motivações.
- Resolução de conflitos: ao trazer à tona questões não resolvidas ou conflitos inconscientes, as pessoas podem começar a lidar com eles de modo mais eficaz, o que pode levar a uma maior paz interior e bem-estar emocional.
- Mudança de comportamento: conscientizar-se quanto aos padrões inconscientes pode levar a mudanças de comportamento e de hábitos que antes eram automáticos ou não reconhecidos.
- Redução da ansiedade: muitas vezes, a ansiedade é alimentada por medos ou preocupações inconscientes. Ao trazê-los à luz da consciência, é possível diminuir a ansicdade associada a esses medos.
- Crescimento pessoal: o processo de integração dos conteúdos inconscientes pode levar ao crescimento pessoal e ao desenvolvimento de uma identidade mais completa e autêntica. Em suma, trazer à consciência os conteúdos do inconsciente pode ser um passo importante no caminho do autoconhecimento e do desenvolvimento pessoal. No entanto, esse processo pode ser desafiador e, muitas vezes, requer a orientação de um profissional, como um psicanalista, um psicoterapeuta ou um psiquiatra.

Referências

CURY, A. *Ansiedade*: Como enfrentar o mal do século. São Paulo: Saraiva, 2013.

DAMÁSIO, A. R. *O erro de Descartes: emoção, razão e o cérebro humano*. São Paulo: Companhia das Letras, 1994.

FRANKL, V. *Em busca de sentido*. São Paulo: Editora Vozes, 2022.

GARDNER, H. *5 minds for the future*. Howard Business Press, 2008.

HAN, B. Han. *A sociedade do cansaço*. São Paulo: Editora Vozes, 2015.

ROCK, D. *Your Brain at Work: strategies for overcoming distraction, regaining focus and working smarter all day long*. New York, 2009.

08

O PODER DA INTELIGÊNCIA EMOCIONAL NA CONSTRUÇÃO DE UMA LIDERANÇA HUMANIZADA

A liderança humanizada é um reflexo de uma mudança social, uma mudança no estilo de vida e de comportamento dos profissionais em geral. Atualmente, as pessoas prezam pela qualidade de vida e saúde mental no trabalho e não aceitam mais trabalhar com líderes autoritários e centralizadores. Neste capítulo, você vai conhecer mais sobre as características da liderança humanizada e entender como a inteligência emocional é protagonista nesse novo modelo de gestão.

CINARA CASAL

Cinara Casal

Graduada em Pedagogia pela Universidade de Caxias do Sul – UCS (2003). Graduada em Psicologia pela Faculdade da Serra Gaúcha – FSG (2019). Empreendedora e cofundadora da SOS Mindset – empresa especializada em saúde mental e psicofinanceira nas organizações, palestrante e psicóloga clínica. Nos últimos anos, tenho aprofundado o trabalho junto às lideranças, tantos nas organizações como no consultório. Acredito muito na transformação do ser humano por meio do conhecimento; por isso, tenho como propósito compartilhar meus aprendizados para ajudar pessoas que estão em busca de crescimento pessoal e profissional e uma melhor qualidade de vida.

Contatos
cinaracasal26@gmail.com
Instagram: @cinaracasal
LinkedIn: https://www.linkedin.com/in/cinara-casal-386739232/
WhatsApp: 11 93336 2603

Por que as organizações estão em busca de líderes humanizados?

Nos últimos tempos, o formato de trabalho mudou drasticamente. A pandemia da covid-19 foi um divisor de águas para essa mudança, trazendo para o mundo corporativo o trabalho home office. O local de trabalho mudou, as relações profissionais mudaram e o papel do líder neste contexto também precisou se transformar e se adaptar a uma nova realidade.

Aquele perfil de liderança tradicional, conservadora, que tem dificuldade em lidar com mudanças, que valoriza a obediência, centraliza o poder e geralmente é avessa a novas ideias e inovações não se sustenta mais. As empresas modernas estão cada vez mais valorizando líderes flexíveis e humanizados para se adaptarem ao ambiente dinâmico dos negócios.

No mercado atual, com alta competitividade e demandas constantes, líderes humanizados se destacam pela capacidade de criar equipes mais engajadas, criativas e resilientes. Eles acreditam que o sucesso de uma organização está diretamente relacionado ao bem-estar e ao desenvolvimento das pessoas que a compõe. Por outro lado, as pessoas estão buscando cada vez mais um ambiente de trabalho inclusivo, colaborativo e que valorize o bem-estar dos funcionários, não aceitando mais se submeterem a um ambiente coorporativo tóxico. Atualmente os profissionais querem se sentir parte da organização e ter um senso de pertencimento e identificação com a empresa; e isso só é possível quando se sentem valorizados e respeitados individualmente.

Por essa perspectiva, conclui-se que empresas que investem em segurança psicológica e gestão humanizada constroem ambientes de trabalho mais saudáveis e equipes mais engajadas, além de consequentemente reterem talentos, pois ao invés de enxergar apenas uma relação de chefe e subordinado, os trabalhadores passam a ter uma visão de parceria com a gestão.

Mas, afinal, o que é uma liderança humanizada?

Segundo Fabio Freire (2023), a liderança humanizada é um modelo de gestão em que os líderes trabalham e interagem com suas equipes com empatia e solidariedade, e a qualidade de vida dos colaboradores torna-se prioridade. Alguns líderes mais conservadores podem acreditar que esse conceito de liderança possa demonstrar fraqueza e que não leva em conta a produtividade, porém o que ocorre é exatamente o oposto. O líder passa a ser respeitado e admirado e geralmente a produtividade aumenta, pois os colaboradores passam a ter melhores condições psicológicas e emocionais para se dedicarem ao trabalho.

Alexandre Pellaes (2023) afirma que a liderança é vista como uma característica de uma relação e não de uma pessoa. Para ele, a gestão humanizada abre espaço para que os profissionais tenham maior liberdade e se sintam capazes de se movimentar no trabalho de maneira colaborativa e compartilhada com o objetivo de atingir a alta performance.

É importante pontuar que um líder humanizado não se coloca em posição superior, sendo capaz de assumir seus erros, dando oportunidade para sua equipe se arriscar mais, ser mais criativa e inovadora. É assim que a organização constrói um ambiente psicologicamente saudável, conceito criado por Amy Edmondson (2020) que explica a segurança psicológica como "a crença compartilhada de que o grupo não punirá ou rejeitará alguém por falar ou expressar suas ideias, dúvidas, preocupações ou erros".

Líderes humanizados têm habilidades emocionais e sociais bem desenvolvidas, se preocupam com as pessoas e promovem um ambiente de trabalho saudável e estimulante. Também valorizam a diversidade, pois entendem que pessoas diferentes, com culturas e pensamentos diversos, acrescentam muito ao trabalho em equipe, trazendo ideias e soluções diversificadas. Esses líderes são capazes de criar uma cultura organizacional positiva, baseada na confiança, na empatia e no respeito mútuo. Também são capazes de lidar com conflitos de maneira construtiva, promovendo a comunicação não violenta e o diálogo aberto. Para tanto, o líder humanizado precisa ter desenvolvido algumas características específicas, e a principal entre elas é a inteligência emocional.

Alexandre Pellaes (2023) divide as características da liderança humanizada em quatro eixos:

- **Individual**: autoconhecimento, inteligência emocional, autogestão evolutiva e flexibilidade/adaptabilidade.

- **Relacionamento**: ação empática, capacidade de delegar, capacidade de influenciar e motivar, comunicação eficaz.
- **Negócios**: protagonismo estratégico, capacidade de causar tensão positiva.
- **Comunidade**: a ética como principal balizador da tomada de decisão.
- É importante destacar que para colocar em prática a liderança humanizada, a empresa precisa estar alinhada com esse conceito. Existe uma relação direta entre liderança humanizada com a cultura e os valores da organização, sendo importante um trabalho em equipe para o sucesso da gestão humanizada e para que a segurança psicológica possa ser colocada em prática.

Liderança humanizada vs. inteligência emocional

O líder precisa ter desenvolvido o autoconhecimento para entender suas próprias habilidades, pontos fortes e fraquezas. A inteligência emocional é essencial para lidar com as próprias emoções, assim como as emoções dos membros de sua equipe. Reconhecer e compreender as próprias emoções também aumenta o nível de empatia, pois os sentimentos e emoções que identificamos em nós mesmos também somos capazes de reconhecer no outro.

Daniel Goleman (2015, p. 8) concluiu, após pesquisa com mais de duzentos modelos de uma grande variedade de organizações, que a grande maioria das competências que distinguiam os melhores líderes se baseava na inteligência emocional e não no QI (quociente de inteligência). Ele pontua que não significa que o QI ou as habilidades técnicas sejam irrelevantes, mas que seriam apenas requisitos de início de carreira para cargos executivos. Afirma que segundo suas pesquisas mais recentes, a inteligência emocional é condição indispensável da liderança, pois ao comparar pessoas de desempenho excelente com pessoas comuns em cargos de alta liderança, quase 90% das competências que distinguiam o desempenho excepcional eram atribuíveis a fatores da inteligência emocional, em vez de habilidades puramente cognitivas.

Pode-se concluir, perante tais pesquisas, que além de contribuir significativamente para a melhora do clima organizacional e aumentar a qualidade de vida dos colaboradores, a liderança humanizada também traz grandes benefícios para a empresa, pois aumenta a produtividade, retém talentos e melhora a imagem da organização perante seus clientes.

Goleman também explanou por meio de suas pesquisas que o humor e o comportamento do líder determinam o humor e o comportamento de toda a equipe. Para ele, a inteligência emocional do líder cria a cultura e o ambiente de trabalho. Isso não significa que o líder tenha que estar de bom humor em tempo integral, mas sim que, apesar de não estar em um "bom-dia", possa ter controle sobre suas emoções, não as projetando em sua equipe.

As pessoas tendem a ser bem eficazes em gerir relacionamentos quando conseguem entender e controlar suas próprias emoções, resultando em maior empatia com o sentimento dos outros. Ter controle emocional também torna o líder mais eficaz e assertivo, pois o mune de equilíbrio e discernimento para refletir antes da tomada de decisões importantes, evitando agir por impulso.

Todas essas descobertas sobre a importância da inteligência emocional estão sendo repercutidas muito recentemente, tanto no mundo corporativo quanto social. A maioria das pessoas não teve educação em inteligência emocional, não aprendeu a reconhecer e lidar com as emoções adequadamente e muitas vezes não tem consciência do poder que ela proporciona. Mas a boa notícia é que a inteligência emocional pode ser desenvolvida, existem alguns pilares e estratégias muito eficazes que podem ajudar nesse processo.

Como desenvolver a inteligência emocional na liderança

Goleman (2015) aponta quatro pilares para o desenvolvimento da inteligência emocional:

1. **Autoconsciência**: é a capacidade de reconhecer e compreender seus pensamentos, emoções, comportamentos, valores e crenças. Envolve uma reflexão e compreensão de como suas ações e reações afetam a si mesmo e aos outros. A autoconsciência é indispensável para a tomada de decisões alinhadas com seus valores e objetivos.

Estratégias para desenvolver esse pilar:

- Meditação e *mindfulness*: praticar meditação e *mindfulness* pode ajudar a aumentar a consciência sobre seus pensamentos, emoções e sensações corporais.
- Autoanálise e psicoterapia: tire um tempo para refletir sobre suas ações, pensamentos e comportamentos. A psicoterapia pode ser uma ferramenta valiosa para desenvolver a autoconsciência, pois oferece um ambiente seguro e de apoio para que a pessoa possa explorar aspectos de si mesma que podem ser difíceis de enfrentar sozinha.
- Autoexpressão: encontre maneiras saudáveis de expressar suas emoções, seja por meio da escrita, da arte ou da conversa com um amigo de confiança.
- Peça *feedback: feedbacks* construtivos colaboram para a identificação dos nossos pontos fortes e fracos.

2. **Autogerenciamento**: trata-se da capacidade de controlar e regular suas próprias emoções, pensamentos e comportamentos de maneira construtiva.

Estratégias para desenvolver esse pilar:

- Autoconhecimento: conhecer suas próprias emoções, gatilhos e padrões de comportamento é fundamental.
- Prática da resiliência: fundamental para lidar com situações desafiadoras, a resiliência inclui a capacidade de se adaptar, superar adversidades e recuperar-se de falhas.
- Gerenciamento do estresse: adote técnicas eficazes para lidar com o estresse, como a respiração profunda e a prática regular de atividades físicas.
- Tomada de decisões conscientes: pratique a tomada de decisão consciente, considerando as consequências e os impactos das suas escolhas.
- Autodisciplina: desenvolva hábitos saudáveis e rotinas consistentes para promover a autodisciplina em áreas como alimentação, sono, exercício e trabalho.

3. **Consciência social**: inclui a capacidade de perceber as emoções e necessidades dos outros, assim como reconhecer e respeitar a diversidade cultural, étnica e social. Possuir consciência social envolve empatia, compreensão da linguagem corporal, leitura de emoções e habilidade de comunicação. Inclui também a capacidade de reconhecer privilégios, injustiças sociais e desigualdades, e agir de maneira a promover a justiça e a equidade.

Estratégias para desenvolver esse pilar:

- Pratique a empatia: coloque-se no lugar dos outros, procure compreender seus sentimentos, perspectivas e experiências.
- Aprenda sobre diversidade: pesquise sobre diferentes culturas, origens étnicas, identidades de gêneros e orientações sexuais. Esses conhecimentos contribuem para ampliar sua compreensão quanto à diversidade humana.
- Voluntariado e ativismo: envolva-se em atividades de voluntariado ou apoie organizações que trabalham para promover justiça social e igualdade.
- Autoavaliação: reflita sobre seus próprios preconceitos e privilégios.

4. **Gerenciamento de relacionamentos**: Esse pilar refere-se à forma como as nossas emoções afetam as outras pessoas, assim como nós reagimos às emoções dos outros. É também a capacidade de interagir, comunicar-se e se relacionar de maneira eficaz com empatia e respeito, construindo e mantendo relacionamentos saudáveis.

Estratégias para desenvolver esse pilar:

- Para desenvolver a capacidade de gerenciamento de relacionamentos, é importante observar suas habilidades em cada um dos pilares da inteligência emocional anteriores. Eles são a base para um bom gerenciamento de relacionamentos. Ter autoconsciência, autogerenciamento e consciência social levará você a gerenciar seus relacionamentos de maneira saudável e respeitosa, fazendo que as pessoas que convivem consigo passem a admirá-lo e respeitá-lo.

O primeiro passo para desenvolver a inteligência emocional é ter clareza quanto à sua importância, não só no âmbito profissional, mas também em todos os outros. Em seguida, é necessário fazer um movimento de desconstrução de crenças limitantes para ampliar a consciência e absorver a nova realidade da nossa sociedade. A geração anterior colocava o trabalho acima de muitas coisas, muitas vezes acima da própria saúde, física e mental. A geração atual tem outros objetivos de vida, quer trabalhar e produzir, mas também quer aproveitar a vida social, a vida familiar e usufruir de um ambiente profissional que disponibilize mais liberdade. Para receber essa nova geração de profissionais, a empresa e as lideranças precisam estar preparadas, cultural e psicologicamente, e neste contexto o desenvolvimento da inteligência emocional das lideranças é fundamental. Líderes que não investirem no desenvolvimento da inteligência emocional serão ultrapassados e terão muita dificuldade de lidar com suas equipes e se manterem no mercado de trabalho.

Referências

CAUWELIER, P. *A inteligência oculta dos times: construindo conexões como uma escolha de liderança*. São Paulo: Paraquedas, 2023.

EDMONDSON, A. C. *A organização sem medo. Criando segurança psicológica no local de trabalho para aprendizado, inovação e crescimento*. Rio de Janeiro: Alta Books, 2020.

FREIRE, F. *Liderança humanizada: O que é e como aplicá-la*. 2023. Disponível em: <https://www.findup.com.br/2023/03/09/lideranca-humanizada-o-que--e-e-como-aplica-la/>. Acesso em: 29 jan. de 2024.

GOLEMAN, D. *Liderança: a inteligência emocional na formação do líder de sucesso*. Rio de Janeiro: Objetiva, 2015.

PELLAES, A. *Conheça as principais características da liderança humanizada e seus eixos principais*. 2023. Disponível em: <https://segurancpsicologica.com/2023/11/23/conheca-as-principais-caracteristicas-da-lideranca-humanizada-em-seus-eixos-comportamentais/>. Acesso em: 29 jan. de 2024.

09

COMO UTILIZAR A INTELIGÊNCIA EMOCIONAL DIANTE DOS DESAFIOS DA EDUCAÇÃO NA ATUALIDADE

Neste capítulo, vamos abordar um pouco daquilo que precisamos para sobreviver e nos desenvolver nos dias de hoje. Temos o compromisso também de formar pessoas mais preparadas e que saibam lidar com as habilidades emocionais. Nesse sentido, temos diversas contribuições, como: a neurociência, a teoria das inteligências múltiplas, as teorias da aprendizagem e do desenvolvimento, a psicanálise, bem como as teorias psicológicas – com pesquisas profundas e desenvolvidas a longo prazo. Explorar este tema nos permite nos conectar com o que temos de mais profundo: o nosso eu.

DENISE MARTINS

Denise Martins

Pedagoga, psicopedagoga, orientadora educacional, educadora parental, palestrante, especialista formada pela Pontifícia Universidade Católica de São Paulo e com ampla experiência em educação inclusiva. Possui diversos cursos na área da educação.
Atua em grandes escolas de São Paulo. Trabalha diretamente com alunos e famílias há 20 anos. Quando começou a questionar sua própria forma de educar, buscou ampliar seu conhecimento na área da inteligência emocional com o intuito de levar o autoconhecimento, a autoevolução e a propagação da saúde mental para todos aqueles que precisam por meio da: educação pela afetividade, comunicação não violenta, disciplina positiva e teorias que envolvem o gerenciamento das emoções.

Contatos
denise.cmartins@yahoo.com.br
Instagram: @denisemartins_dm
Facebook: Denise C. Martins (https://www.facebook.com/profile.php?id=100089314352405)
LinkedIn: Denise C. Martins (www.linkedin.com/in/denise-c-martins-445963195)
11 98221 7319

Denise Martins

> *"Inteligência emocional não é sobre eliminar as emoções, mas sim entender e controlar sua influência sobre nós."*
> Daniel Goleman

Os obstáculos ao lidar com as nossas emoções

Nunca falamos tanto de saúde mental e inteligência emocional como nos dias de hoje. Há provas de que são os principais temas abordados em todas as esferas, seja ela pública ou privada. Quem já não passou por um período da vida em que precisasse compreender e saber lidar com as suas emoções diante dos desafios do nosso dia a dia? Ainda que não lembremos de alguns episódios, eles ficam guardados dentro de nós e têm total relação com o que vivemos hoje. As diferentes gerações e o jeito como fomos criados moldam nossos comportamentos, nossas crenças e nossos valores. Alguns ciclos se repetem, e mesmo que não tenhamos consciência, tendemos a não associar o que já vivemos com o quem nos tornamos.

Em nenhum momento houve tanta informação e facilidade tecnológica, como também jamais foi tão fácil ter contato com tantas pessoas nos diversos ambientes e redes sociais. Em contrapartida, nunca estivemos tão distantes uns dos outros, adoecidos emocionalmente e com extrema dificuldade ao lidar com frustrações, perdas, lutos, traumas ou gatilhos acionados, muitas vezes sem intenção.

Já falamos há algum tempo sobre inteligência emocional, porém pouco ensinamentos tivemos sobre ela. No entanto, hoje podemos buscar o que faltou e o que temos de recursos para lidar com essa tal "habilidade de gerenciar as emoções". Saber o que é, como ela nos afeta e quais são as habilidades que devemos desenvolver para conquistá-la é um grande processo e desafio.

É preciso descobrir, compreender e modular cada sentimento e emoção, bem como adquirir a habilidade de lidar consigo, com o outro e com o meio em que vive. Parece fácil, mas não é. Estamos falando de processos que vamos experimentando ao longo da vida, em que é preciso estar aberto ao autoconhecimento e ao entendimento do que se quer. Esse mergulho é único e intransferível. Estamos falando de autoconsciência e consciência social e emocional.

O pedido de socorro está dentro de nós

Atualmente, falamos muito em sentimento de autovalor, que nada mais é do que a autoestima que formamos dentro de nós. A formação dela muitas vezes revela quem somos e como reagimos aos estímulos internos e externos. Aprendemos a olhar para fora, mas o que nos fará realmente saudáveis é olhar para dentro. Não podemos culpar as gerações passadas, elas não tinham conhecimento adequado e fizeram o melhor com as ferramentas que possuíam.

Quando crianças, somos cuidados. Quando adultos, somos cuidadores. O que nos faz ser um "cuidador" vai depender muito de como fomos cuidados e das oportunidades que tivemos para nos desenvolver emocionalmente. Vale saber que da emoção você vai para o sentimento. As emoções são inconscientes e o sentimento consciente é algo automático. O sentimento é a percepção consciente e parcial de emoções e essas emoções geram um comportamento diferente.

Durante muito tempo, acreditou-se que o sucesso pessoal e profissional estava atrelado às nossas conquistas materiais e aos nossos resultados, que dependiam da nossa inteligência lógica. Hoje, já sabemos que para chegar ao sucesso é preciso desenvolver, também, a inteligência emocional. Tal descoberta fez com que Howard Garner, influenciado por Piaget, dedicasse seus estudos ao desenvolvimento das inteligências múltiplas.

Sendo assim, quando alguém resolveu parar, pensar, observar e estudar sobre o quanto somos diferentes uns dos outros, e o quanto as nossas diferentes habilidades são fundamentais para o desenvolvimento da inteligência emocional, fomos instigados e motivados a olhar para dentro de nós. Cada vez que olhamos para o nosso eu, temos janelas de qualidade. Essas janelas serão a base para enxergarmos o outro e lidar com os diversos desafios da atualidade.

Os desafios da educação na atualidade

Depois de entendermos a evolução da inteligência emocional e como olhar para dentro de si é fundamental no desenvolvimento dela, começamos a aprender como ela tem um impacto grande na Educação hoje em dia. Vale lembrar que, quando falamos em educação, é preciso entender os diversos cenários, tais como: educação familiar, educação escolar, educação parental, educação empresarial, entre outros.

Fomos criados em uma sociedade "punitiva". Ou seja, acreditamos, por muito tempo, que precisávamos pagar pelos nossos erros antes de aprender com eles. Hoje, já sabemos que os erros fazem parte do processo e o quanto é importante vivenciá-los. Lutamos por uma geração diferente, por uma cultura de paz, por contextos familiares saudáveis, por escolas perfeitas, por crianças saudáveis, por empresas que tenham profissionais com controle emocional, mas nos esquecemos do quanto nossas ações geram impactos a todo momento. É preciso entender que o objetivo inicial não deve ser de perfeição e sim de evolução, para que seja possível atingir o que consideramos perfeito.

Os marcos históricos nos trazem registros de uma educação em constante transformação e, mesmo assim, em nenhuma circunstância foi tão desafiador educar. Diante de tantas adversidades na atualidade, ainda tentamos ensinar o que não aprendemos. Trata-se de um fenômeno cultural e não psiquiátrico. Sendo assim, é preciso estar atento aos dados e aos investimentos que precisam ser feitos em todos os âmbitos educacionais. Algumas pesquisas recentes mostram que há profunda "desidratação" de recursos por parte das políticas públicas, o que faz que não alcancemos a todos de maneira igualitária. Tais desafios não alimentam as demandas da educação como deveriam e, com isso, apenas sobrevivemos; contudo, não nos desenvolvemos.

Voltando o nosso olhar somente para o âmbito escolar, já ouvimos dizer que faltam professores e que não há mais interesse em lecionar. Atualmente, recrutar jovens interessados pela educação é um desafio. Vimos que a pandemia causou efeitos jamais vistos na sociedade; e, mesmo com tantos impactos, como a dificuldade de ensino com a ausência das aulas presenciais, não foi o suficiente para que a profissão recebesse a merecida valorização ou que houvesse o interesse em ampliar o referido setor. A falta de reconhecimento gera o desafio de ter a saúde mental adequada e equilibrada para a profissão. O ambiente escolar, hoje, também é um espaço corporativo; e mesmo com tantas transformações ainda há o desejo de que seja um espaço de aprendizagem, inovação e criatividade. Vejo escolas lutando por culturas institucionais com o objetivo de disciplinar as inteligências e a convivência escolar.

Vivemos em um ambiente que separa os pais "perfeitos" dos pais "negligentes". Os perfeitos tentam capacitar seus filhos conforme suas experiências e projeções. Fazem o possível e impossível para poupar seus filhos da realidade e querem ser vistos como pais exemplares e atuantes. Já os negligentes parecem cultivar a cultura do abandono e são julgados diariamente por não conseguirem acompanhar a rotina e a vida de seus filhos. Ainda não foi criada uma posição ou denominação de meio-termo para aqueles que tentam desenvolver uma educação apenas justa e consciente. Tanto a escola como a sociedade sempre se preocuparam com o cognitivo e se esqueceram de que a demanda psíquica tem dominado os atendimentos no espaço escolar e consultórios médicos. Percebemos que as escolas têm trabalhado muito para dar conta de tanta demanda nesse sentido. Há um esforço incansável de acompanhar tais famílias, comunidades e alunos para o bem-estar de todos.

Quando afunilamos os nossos olhares, há ainda o peso do desenvolvimento das aprendizagens, do conteúdo dado, das avaliações e dos conceitos dados por letras, nomes e valores. Há, também, professores desmotivados remando contra a maré do capitalismo. Avançamos em falar sobre a gestão emocional, mas falhamos em não conseguir colocar em prática, quando somos pressionados, a todo momento, a dar resultados.

Atualmente, há um cenário alarmante de saúde mental nas escolas. Os dados estatísticos são preocupantes e envolvem a todos: família, escola e poder público. Nos últimos dez anos, em especial, tivemos um aumento potencializado de crianças e adolescentes com problemas de saúde mental, depressão, transtornos de aprendizagem, *bullying*, *cyberbullying* e suicídio. E a pergunta mais frequente é: "De quem é a culpa?".

A família é cobrada pela educação que dá aos seus filhos, os pais são cobrados por suas jornadas intensas de trabalho, a escola é cobrada por seus resultados e o poder público é cobrado pelo desenvolvimento de ações que ofereçam estratégias diferenciais para evitar a evasão, abandono e falta de interesse intelectual. Isso sem falar nas atrocidades que vemos acontecer em diversas instituições educacionais, o que me faz ter a certeza de que os direitos previstos nos documentos (ECA, BNCC, PNE etc.), construídos por longos anos, não são somente responsabilidade da escola e sim da sociedade em geral.

Infelizmente, deparamo-nos com famílias que não sabem a quem recorrer, professores que cuidam dos alunos, mas não se cuidam, equipes de gestão vivendo para dar conta de todas as situações preocupantes e assumindo, muitas vezes, responsabilidades que não são suas. A escola pede socorro, os pais pedem socorro, os alunos pedem socorro, e assim caminhamos como se não houvesse o que fazer. Costumo dizer, ainda, que hoje em dia existem crianças que pagam um preço alto pelo não cumprimento do direito à inclusão.

O alento é que possamos perceber, compreender e gerenciar com clareza os estudos e as pesquisas de todos os fenômenos que envolvem a educação; além disso, entender o que se quer, a fim de promover a igualdade de oportunidade educacional em todos os âmbitos. Vale ressaltar que o país ocupa posições preocupantes nos rankings de educação, evidenciando a necessidade de investimento, estudo, inovação e melhorias.

Se para muitos os desafios são os mesmos, minha visão é que a maneira de abordá-los precisa mudar.

Avaliando as nossas habilidades como um caminho

Ainda há esperança em tirar a educação e as famílias do caos. É preciso sempre lembrar que tudo volta para a sociedade mais cedo ou mais tarde, seja positivo ou negativo. Temos como caminho atuar na qualidade educacional, parental e familiar para evitar negligências, mas para isso é preciso falar de inteligência emocional. Convido todos a compreender melhor a educação da parentalidade e a investir na inteligência emocional como um caminho para o autoconhecimento.

Ao desenvolver as habilidades emocionais, desenvolvemos a capacidade de lidar com as próprias emoções e com as relações que estabelecemos. Com ela, podemos construir relacionamentos saudáveis, usufruir de benefícios nos campos pessoal, acadêmico e profissional.

Devemos investir profundamente nos pilares da gestão das emoções e desenvolver com o tempo: empatia, automotivação, controle das emoções, relações interpessoais e autoconsciência. Não mudaremos o mundo, mas mudaremos a maneira como enfrentamos as dificuldades. Cada indivíduo tem o seu tempo de aprender, e respeitar esse tempo é importante para que se possa alcançar o sucesso nas relações familiares, na inteiração socioemocional e também na dinâmica da rotina profissional.

Já dizia um dos meus autores preferidos, Donald Winnicott (1896-1971): "Se tivermos problemas pessoais, devemos conviver com eles e ver como o tempo traz algum tipo de evolução pessoal, ao invés da solução". Isso também vale para o nosso crescimento emocional.

A educação tem um papel fundamental nesse processo. É por meio dela que tudo acontece. Ao crescer, aprendemos, ao aprender, tornamo-nos protagonistas do conhecimento, ao conhecer, nascem os sonhos e ao sonhar precisamos de forças e oportunidades para conquistar.

O segredo está em entender quem você é, onde quer chegar e como programar suas atitudes alinhadas às suas habilidades. Defina seus propósitos de vida, fortaleça sua mente para fazer as coisas acontecerem e acredite que tudo faz parte do processo. Eduque a si mesmo!

Referências

BASILE, T. *Nossa infância, nossos filhos.* São Paulo: Ed. Matrescência, 2020.

CURY, A. *Gestão da emoção.* São Paulo: Ed. Benvirá, 2015.

CURY, A. *Inteligência socioemocional.* São Paulo: Ed. Sextante, 2015.

QUEIROZ, S., coord. *Gestão das emoções no ambiente corporativo.* São Paulo: Ed. Literare Books, 2020.

10

INTELIGÊNCIA EMOCIONAL NA ADVOCACIA

Estuda-se, neste capítulo, o uso da inteligência emocional na advocacia. Esta é uma profissão que causa muito estresse, uma vez que lida com seres humanos com problemas jurídicos, os quais quase sempre vêm acompanhados de carga emocional elevada. Os advogados ainda têm de falar com juízes e outras autoridades em nome de seu cliente e, sem um completo domínio das emoções, pode ter sérios problemas. Pretendo, aqui, demonstrar o que é e como ser usada a inteligência emocional por advogados e advogadas, valendo-me de minha experiência de 41 anos de exercício da advocacia e dois anos de estágio, bem como dos conhecimentos adquiridos na minha formação em Ciências Humanas, em que pude estudar com Daniel Goleman.

DOMINGOS SÁVIO ZAINAGHI

Domingos Sávio Zainaghi

Mestre e doutor em Direito do Trabalho pela PUC-SP. Pós-doutorado em Direito do Trabalho pela Universidad Castilla-La Mancha, Espanha. Pós-graduado em Comunicação Jornalística pela Faculdade Cásper Líbero. Pós-graduado em Ciências Humanas pela PUC-RS. Membro da Academia Paulista de Direito; da Academia Paulista de Letras Jurídicas; da Academia Nacional de Direito Desportivo. Presidente Honorário da Asociación Iberoamericana de Derecho del Trabajo y de la Seguridad Social. Presidente Honorário do Instituto Iberoamericano de Derecho Deportivo. Doutor Honoris Causa da Universidad Paulo Freire, da Costa Rica. Membro do Instituto de Direito Social-Cesarino Jr.; do Instituto Brasileiro de Direito Desportivo; da Sociedade Brasileira de Direito Desportivo; da Associação de Cronistas Esportivos de São Paulo; da União dos Juristas Católicos de São Paulo; da União Brasileira de Escritores; e da Academia Internacional de Literatura Brasileira. Autor de vários livros jurídicos e não jurídicos e palestrante no Brasil e em mais de 20 países. Advogado e professor.

Contatos
zainaghi@zainaghi.com
Instagram: @domingossaviozainaghi
Linkedin: Domingos Sávio Zainaghi
11 98281 0555

Até o final dos anos 1980, a inteligência de uma pessoa era medida apenas pelo QI (Quociente de Inteligência). Só em 1990 Peter Salovey e John Mayer criaram o termo inteligência emocional, descrevendo-a como "a capacidade de reconhecer, compreender, utilizar e regular as emoções com eficácia na vida cotidiana".

Na verdade, quem popularizou o termo foi Daniel Goleman, que em 1995 publicou o livro *Inteligência Emocional*, que se tornou um best-seller, publicado em vários idiomas, inclusive aqui no Brasil, onde Goleman lecionou em cursos de pós-graduação.

Goleman defende que a inteligência emocional deve ser ensinada às crianças, para se sentirem mais equilibradas emocionalmente, o relacionamento entre elas melhoraria, contribuindo até para evitar a prática de bullying, além de se tornarem adultos bem mais equipados emocionalmente para o enfrentamento dos problemas da vida.

Nesses trinta anos de estudos sobre a inteligência emocional, chegou-se à incontestável conclusão de que pouco vale alguém ter um QI alto se não tiver inteligência emocional.

Um conceito singelo, mas direto, nos apresenta Souza (2024):

> Inteligência emocional é a capacidade de compreender, usar e gerenciar suas próprias emoções de maneira positiva para aliviar o estresse, comunicar-se com eficácia, ter empatia com os outros, superar desafios e neutralizar conflitos. Com base em várias fontes diferentes, uma definição simples de inteligência emocional se resume na capacidade de monitorar suas próprias emoções, bem como as emoções de outras pessoas, para distinguir e rotular diferentes emoções corretamente e assim usar informações emocionais para guiar seu pensamento e comportamento e influenciar os dos outros.

Portanto, a inteligência emocional prepara as pessoas para que identifiquem seus sentimentos, os das outras pessoas, capacitando-as a administrar as emoções nas relações sociais, e com isso obter sucesso na vida.

Pense agora naquele ou naquela colega de escola ou faculdade que só tirava notas altas, era superinteligente, mas que na vida adulta ou ao se formar não teve sucesso profissional e financeiro. Muito provavelmente essa pessoa não tinha inteligência emocional.

Por outro lado, muitos daqueles colegas que não tiravam notas altas, faltavam às aulas ou dormiam, e passavam de ano na bacia das almas, na vida adulta ou após formados se tornaram pessoas bem-sucedidas. Esses alunos geralmente eram os mais populares, carismáticos e alegres, e mesmo sendo medianos os professores lhes davam atenção.

Pois é, esses alunos tinham uma excelente inteligência emocional, e a cultivaram na vida adulta; por isso se deram bem na vida.

A boa notícia é que qualquer pessoa pode desenvolver sua inteligência emocional, pois esta não é algo inato, uma característica ou dom de certas pessoas, mas dá para se tornar alguém mais equilibrado emocionalmente; saber lidar com as pessoas na vida social, mesmo com aquelas mais difíceis.

Daniel Goleman afirma que a inteligência emocional tem estas características:

- Autoconsciência: é saber reconhecer suas próprias emoções e saber lidar com elas, tendo plena consciência de como essas emoções podem afetar pensamentos e principalmente nossas ações, e como elas os afetam. Exemplo: se alguém me agride com uma ofensa ou uma injustiça, identifico a agressão e posso escolher minha reação. Ou devolvo a ofensa na mesma medida, ou até agrido fisicamente a pessoa, ou em segundos avalio se vale a pena tomar essas atitudes. Com certeza é bem melhor sopesar a ofensa e não devolver na mesma proporção. Tem gente que diz que não leva desaforo para casa, e eu alerto que essas pessoas podem não voltar para casa; podem ir, isto sim, para a cadeia, para o hospital ou para o cemitério, e tudo porque não têm inteligência emocional. Imagine que no trânsito alguém lhe xingue, afirmando que sua mãe é uma prostituta. Bem, a maior parte das pessoas irá retrucar, descer do carro e se atracar fisicamente com o ofensor. Grande bobagem. Veja, pense bem. Se sua mãe não é uma prostituta, você não deve se irritar, pois a pessoa que o(a) agrediu falou bobagem; se sua mãe for uma prostituta, ele acertou. Nos dois casos não existem motivos para você se ofender, entendeu o que eu quis dizer?

Autogerenciamento: é quando a pessoa, após analisar a situação, ou seja, fazendo uso da autoconsciência, é capaz de controlar sentimentos e comportamentos impulsivos, administrando suas emoções de maneira equilibrada.

O silencio é algo muito bem utilizado nessas circunstâncias. Um exemplo pessoal: há pouco tempo durante uma audiência, uma juíza destemperada disse que sou mal-educado, só porque fiz menção de falar e fazer uma ponderação, mas ela, alterando a voz, disse que estava falando e que eu era sem educação por querer interrompê-la. Fiquei quieto, não disse nada e ela ficou desconcertada, pois com certeza ela queria confusão. Com o meu silêncio, ela ficou desarmada, e, ainda, colocou na ata da audiência o requerimento que deu origem à sua encenação infantil. Veja, eu analisei rapidamente a situação: sei que não sou mal-educado, logo não me atingiu, se eu fosse uma pessoa mal-educada, deveria melhorar minha forma de agir.

É fácil agir assim? Claro que não, mas a partir do momento que se alcança esse equilíbrio, vivemos bem melhor.

- Gestão dos relacionamentos: essa característica também tem grande importância quando falamos de inteligência emocional. É conhecer bem as pessoas que estão próximas diariamente, seja em casa, na escola e principalmente no trabalho. Quando se conhece as características das pessoas com as quais convivemos, tudo fica mais fácil. Primeiramente precisamos ter capacidade de buscar nos relacionarmos bem com todos. Saber gerenciar os inevitáveis conflitos da vida, com proatividade, carinho e firmeza. Fazer de tudo para ter relacionamentos sadios com familiares e com os colegas de trabalho; ser aquela pessoa que ilumina e alegra o ambiente quando chega. Quem tem mais de um filho, por exemplo, tem de saber que cada um tem seu jeito, temperamento e características, de maneira que não se pode tratar todos da mesma forma. O mesmo no trabalho, principalmente se você for gestor, tem de prestar muita atenção às características de cada subordinado.
- Automotivação: a automotivação envolve o autoconhecimento e a autorresponsabilidade. Todos nós precisamos nos conhecer para entender como se manter motivado e disciplinado e precisamos nos tornar protagonistas das nossas histórias. Buscar energia constantemente para se manter vivos e em busca de novos desafios, ou enfrentá-los.

Consciência social: aqui o importante é ser empático, buscando entender como o outro se sente, quais suas emoções em determinada situação. Outro exemplo pessoal. Sou professor universitário há trinta e oito anos. Quando lecionava à noite, alguns alunos dormiam durante as aulas; por mais que eu me esforçasse para dar uma aula dinâmica, esses alunos ficavam com o rosto nas carteiras sobre os braços.

Eu sabia a vida dura que eles levavam e que não era nada contra mim ou minhas aulas. Eu jamais chamei a atenção desses alunos. O que eu fazia era conversar em particular e aconselhá-los para que, quando estivessem sonolentos, saíssem da sala, tomassem um café na cantina ou um pouco de água no bebedouro, e que o simples fato de dar uma voltinha já espantaria o sono. Já outros professores chamavam a atenção desses alunos e até zombavam deles. Por qual professor os alunos tinham mais apreço? Penso que eu sou esse professor.

Agora vamos tratar da inteligência emocional na advocacia.

O advogado deve identificar seus sentimentos e os dos outros, para que possa se sair bem na profissão. Deve sempre buscar equilíbrio entre razão e emoção.

Somos psicólogos e terapeutas, mesmo sem ter formação nessas áreas do conhecimento humano.

Os advogados devem exercitar a paciência constantemente; temos nossa paciência testada a todo momento.

Um conselho aos advogados: nunca dê o controle remoto de suas emoções às pessoas, pois só podemos controlar nossos sentimentos e nossas atitudes, nunca as dos outros, mas o que essas atitudes podem nos causar, isto depende de nós.

Falemos um pouco de como o advogado deve agir com seus clientes.

Faz-se necessária uma conexão com o cliente, ou seja, que se tenha empatia, mas sem se envolver emocionalmente com o problema, que não é nosso. Melhor esclarecendo, devemos entender as dores do cliente, ter paciência para escutá-lo, pois os problemas jurídicos são acompanhados por fortes consequências emocionais. Por isso, não se irritar com telefonemas ou mensagens fora do horário comercial e até em finais de semana.

Há que se ter segurança emocional além da segurança técnica. Nunca ser indiferente às dores do cliente, pois, como dito, problemas jurídicos são acompanhados de alterações emocionais.

Com juízes. Talvez seja com estes profissionais que os advogados tenham de exercitar a inteligência emocional de maneira mais intensa.

Nunca se esqueça de que o juiz é uma autoridade e que deve, portanto, ser respeitado. Isso não quer dizer que o advogado deve se sentir diminuído perante o juiz, mas simplesmente ter em mente que ele é autoridade constituída pela lei.

Por isso, não entre em discussões estéreis com magistrados. Use sempre suas prerrogativas e as demais previsões legais.

Nunca ameace um juiz com frases como "Vou denunciar V. Exa. na corregedoria"; "Irei comunicar o Conselho Nacional de Justiça", entre outras.

Use os canais próprios para fazer eventuais reclamações, e utilize as leis e a OAB.

Nunca dê o controle remoto de suas emoções para os juízes. Controle seu ego, e não entre em discussões, pois você poderá receber voz de prisão. E o mais importante: estude bem o processo antes de uma audiência e esteja sempre preparado(a) para embates com juízes, mas se você seguir estes conselhos tudo dará certo.

Devemos ter inteligência emocional para lidar com nossos colegas. Muitos são grosseiros e até desonestos. Nunca responda agressão com agressão, por mais que isso seja difícil. Não controlamos os outros, mas, como já afirmei acima, não podemos dar o controle remoto das nossas emoções para estes. É difícil durante uma audiência sermos ofendidos diante de nossos clientes e ficarmos quietos, mas o importante é ganhar o processo, e não ganhar discussões que não levam a nada. E mais: seu cliente, vendo sua reação equilibrada, ficará feliz por ter um advogado que tem controle dos nervos, isto é, que tem controle emocional. E os juízes vão admirar você por ter essa atitude.

Aqui também, o mesmo conselho que dei sobre os juízes. Não ameace o advogado que lhe ofendeu dizendo que irá representá-lo na OAB ou processá-lo. Se for atitude que mereça essas providências, adote-as e pronto, sem aviso e sem alardes.

Por fim, no escritório trate todos com gentileza, principalmente os seus subordinados. Não sobrecarregue as pessoas de trabalho, releve os erros e corrija-os, mas sempre com delicadeza e firmeza. Tenha calma quando tiver que discutir assuntos delicados com seus sócios. Seja empático, e crie um ambiente onde as pessoas se sintam felizes e realizadas. Diante de um erro de um subordinado, não grite ou xingue a pessoa, principalmente diante de outras. E caso tenha de chamar a atenção por conta de um erro, faça isso no particular, com firmeza, mas sem gritos ou ofensas. Você deve ter inteligência emocional quando for analisar e julgar seus próprios atos ou atitudes.

Controle sua ansiedade. É estatístico que mais de 90% das vezes um problema ruim que você imagina que irá acontecer não acontece. Sou testemunha disso, pois já passei por momentos na advocacia que eu imaginava que um erro que cometi em um processo iria causar a perda da causa, que eu teria de indenizar o cliente, que eu largaria a profissão, e no fim achei saída para todos os problemas.

Todos nós erramos, e isso não pode ser encarado como o fim do mundo. Se errou, analise a situação, procure falar com um colega mais experiente e tente resolver o problema. Dizem que aprendemos com os erros, isso é meia verdade, aprenderemos caso soubermos lidar com os erros e nunca mais cometê-los.

Todas as profissões têm seus problemas, até mesmo alguém que lê cartas em um shopping center poderá se deparar com alguém que não gostou da previsão de seu futuro e agredir a cartomante. Médicos e dentistas também têm seus problemas. Não se martirize; perdoe-se!

Procure dormir bem e por sete ou oito horas, o sono é necessário para restabelecer nossas energias.

Outra coisa: em casa, relaxe; assista um filme, uma série ou até uma novela, mas não vá assistir a filmes relacionados à advocacia, pois isso não o ajudará a desestressar.

Tenha folgas. Existe hoje uma romantização em se dizer que se trabalha doze horas por dia, nos finais de semana e feriados. Não é bonito, pelo contrário, isso faz mal à saúde e à convivência familiar e social.

Trabalhar sem folgas é como comer sem parar, uma hora você irá explodir, e o que era para ser prazer vira sacrifício e dor.

No final de ano com o recesso forense, esqueça do escritório é só volte a ele no fim do recesso.

Busque ler livros não jurídicos, passear e frequentar lugares que não tenham advogados, juízes, professores ou promotores de justiça. E se estiver nesse meio, procure não abordar assuntos jurídicos.

Enfim, proteja sua saúde mental. Seja bem-humorado e, caso necessite, procure ajuda profissional de médicos, psicólogos ou terapeutas.

Espero que a leitura deste capítulo ajude você a se tornar um profissional mais inteligente emocionalmente, e que possa progredir cada dia mais na advocacia sem se estressar tanto, e poder aproveitar mais a vida.

Trate de ser feliz!

Referências

SOUZA, G. *Inteligência emocional: sua importância e benefício.* Disponível em: <https://holos.com.br/inteligencia-emocional/>. Acesso em: 2 mar. de 2024.

Comentários do Autor

Peter Salovey (Nova Iorque, 21 de fevereiro de 1958) é um psicólogo social norte-americano. Ele atua como o 23º e atual presidente da Universidade de Yale desde 2013. Anteriormente, atuou como reitor da Universidade de Yale de 2008 a 2013, reitor do Yale College de 2004 a 2008 e reitor da Yale

Graduate School of Arts and Sciences de 2003 a 2004. Salovey é um dos pioneiros em inteligência emocional.

Ohn D. Mayer é um psicólogo americano da Universidade de New Hampshire, especializado em inteligência emocional e psicologia da personalidade. Ele co-desenvolveu um modelo popular de inteligência emocional com Peter Salovey. [1] Ele é um dos autores do *Mayer-Salovey-Caruso Emotional Intelligence Test* (MSCEIT),[2] e desenvolveu uma nova estrutura integrada para a psicologia da personalidade, conhecida como *Systems Framework for Personality Psychology*. É autor de *Personal Intelligence*.

Daniel Goleman (7 de março de 1946) é um jornalista científico dos Estados Unidos. Por doze anos, escreveu para o The New York Times, principalmente sobre avanços nos estudos do cérebro e das ciências comportamentais.[1]

Escritor de renome internacional, psicólogo, jornalista da ciência e consultante incorporado. Ele é filho de um casal de professores universitários de Stockton, Califórnia, onde o seu pai ensinava literatura mundial no *San Joaquin Delta College*, enquanto sua mãe ensinava no departamento social, que é agora a *University of the Pacific*. Goleman recebeu o seu doutoramento em Harvard, onde também dava aulas.

11

LIDERANÇA EFICAZ
DESVENDANDO O POTENCIAL MÁXIMO COM INTELIGÊNCIA EMOCIONAL

Embarque em uma jornada emocionante rumo à liderança eficaz! Este capítulo é uma imersão nas práticas e conceitos que moldam líderes extraordinários. Esteja preparado para despertar seu potencial máximo e tornar-se o protagonista da sua história por meio da sua inteligência emocional e poderosas *skills*.
A liderança eficaz é o caminho para a prosperidade, e você está prestes a trilhá-lo.

EVANDRO PARIZOTTO

Evandro Parizotto

Formado em Administração de Empresas, executivo destacando-se na condução da gestão de pessoas, vendas, gestão financeira e planejamento estratégico. Com mais de 30 anos de carreira construída em empresas multinacionais de grande porte no segmento de bens e serviços, ocupando diversas posições até alcançar a função de diretor. É apaixonado pelo desenvolvimento humano, formação de líderes e gestão, e comprometido em gerar valor para as organizações e contribuir positivamente na vida das pessoas.

Contatos
evandroparizotto@gmail.com
LinkedIn: www.linkedin.com/in/evandro-parizotto

Ao longo da minha carreira, compreendi a relevância de conhecer e dominar habilidades poderosas para uma liderança mais eficaz. Com base nessa experiência, minha missão aqui é guiá-lo em direção a um modelo de liderança prática e eficiente, dando direção e caminhos necessários para que alcance o seu máximo potencial.

Minha primeira experiência na liderança de uma equipe ocorreu quando eu tinha apenas 18 anos. Lembro-me da determinação, do esforço e do brilho nos olhos daquele líder prodígio recém-promovido, dando início à sua carreira no mundo do varejo. Naquele momento, aprendi bastante com os erros e acertos, ainda me sentindo inseguro em muitas tomadas de decisões, com dúvidas sobre o melhor caminho a percorrer. Foi uma fase repleta de grandes desafios e aprendizados, em que tive muita sorte. Grandes líderes, a quem chamarei de "Anjos", deixaram legados em minha vida por meio de suas habilidades técnicas e comportamentais. Esses Anjos foram fundamentais para meu desenvolvimento, e foi nesse período que absorvi algumas lições valiosas.

A primeira lição é: tudo o que você se propuser a fazer, faça com vontade e com paixão.

A segunda lição é: tenha um propósito, esse propósito se tornará uma bússola moral que guiará cada decisão e ação sua; além disso, você tem a oportunidade de deixar legados e ser o próximo anjo na vida das pessoas ao seu redor.

A terceira lição é: foque no seu autoconhecimento. Tenha ousadia para reconhecer e aprimorar seus pontos fortes e humildade para identificar oportunidades para o seu desenvolvimento.

Indiscutivelmente, os resultados financeiros positivos são cruciais para as organizações e é o que as mantêm vivas, mas a liderança eficaz transcende a gestão de resultados; ela cria um vínculo emocional entre líder e equipe, desbloqueando potenciais, criando equipes de alta performance alinhadas com a cultura da empresa e entregando resultados ainda melhores.

Hard skills e *soft skills*: habilidades poderosas

Agora, vou abrir a "caixa preta" e discutir as *skills* que geram resultados significativos, criando valor tanto para você quanto para o negócio. Antes disso, é fundamental compreender o que são *essas competências*, "Entende-se por *hard skills* a gama de capacidade técnica" (ACCORSI, 2023), são habilidades específicas e mensuráveis que podem ser ensinadas e adquiridas por meio de treinamento e educação. Por outro lado, as *soft skills* são competências e características mais relacionadas a habilidades comportamentais.

Mas quais são as *skills* de maior relevância para um líder de alta performance? Em minha carreira profissional, já trabalhei com dezenas de profissionais e executivos brilhantes, dotados de conhecimentos e competências técnicas incríveis. No entanto, os líderes que mais se destacaram foram aqueles que dominavam com maestria as *soft skills*. Esses profissionais deixaram um legado no desenvolvimento de pessoas e no fortalecimento da cultura organizacional. Eram líderes inspiradores, cujas habilidades técnicas eram essenciais, mas suas habilidades comportamentais os tornavam verdadeiramente notáveis. Embora as *hard skills* sejam fundamentais, são as *soft skills* que fazem a diferença real quando se trata de prosperar em um ambiente de trabalho. Dito isso, permita-me compartilhar a quarta lição que aprendi ao longo da minha carreira.

A quarta lição é: Disciplina, foco e habilidades relacionadas à inteligência emocional são poderosas na construção de uma liderança eficaz.

Considerando a importância dessas competências, me arrisco a dizer que, se tivesse que recomeçar minha carreira, investiria grande parte do meu tempo no desenvolvimento dessas habilidades.

Inteligência emocional

A compreensão do poder da Inteligência Emocional e capacidade de exercitá-la é vital para o desenvolvimento e o sucesso em nossas vidas e carreiras.

Ao abordar a inteligência emocional, fundamentada em minha liderança prática no ambiente corporativo, constatei cinco elementos que são fundamentais para o aprimoramento da liderança de alta performance. Essas habilidades serão destacadas a seguir.

- **Autoconhecimento**: o autoconhecimento é uma jornada de descoberta interna que permite uma compreensão mais clara de quem somos e o que desejamos na vida. Ele traz uma série de benefícios no desenvolvimento pessoal e profissional, dentre eles, compreender melhor suas emoções e comportamentos, ajudar a identificar suas fortalezas e limitações, melhorar a capacidade de tomar decisões e permitir compreender melhor suas emoções, pensamentos e comportamentos.

O autoconhecimento é um processo contínuo e trago aqui dois exercícios e reflexão que costumo adotar para desenvolver o meu autoconhecimento:

º Busque a autorreflexão: O que contribui para o seu bem-estar emocional? Quais são seus objetos em curto, médio e longo prazo? Quais são suas fortalezas e limitação?
º Peça insights, feedback ou sugestões, frequentemente, pois a percepção que os outros têm de nós difere da nossa própria visão.

- **Autogestão**: a autogestão envolve a capacidade de controlar e regular suas próprias emoções, comportamentos e ações de maneira eficaz. Como sabiamente afirmou Goleman: "Não podemos eliminá-los, mas podemos fazer muita coisa para administrá-los; é um componente da inteligência emocional que nos liberta de sermos prisioneiros de nossos sentimentos" (GOLEMAN, 2015). Manter o equilíbrio emocional mesmo diante de pressão de acionistas, de clientes, colaboradores e *stakeholders* é um desafio e tanto. Um líder que domina a autogestão consegue controlar e gerar um ambiente mais seguro, com mais confiança da equipe, tornando tudo mais leve e positivo.
- **Empatia**: compreender as necessidades e os sentimentos, entender os pontos de vista das pessoas e colocar-se no lugar do outro, isso fará toda a diferença.

A empatia desempenha um papel crucial na construção de relacionamentos saudáveis e resolução de conflitos. Desenvolver habilidades de liderança empática demanda prática e dedicação, mas os resultados obtidos são incríveis. Destaco três elementos cruciais para aprimorar empatia:

º A capacidade de ouvir é de suma importância, demonstre interesse genuíno; assim, você fortalece os laços interpessoais, gera confiança e melhora os relacionamentos.
º Mantenha-se aberto ao feedback; essa atitude cria um ambiente de confiança, propiciando oportunidades constantes de aprimoramento.
º Reconheça e celebre as conquistas e os esforços, porque isso evidencia que você percebe e valoriza o empenho tanto individual quanto coletivo.

- **Consciência social**: com certeza você conhece pessoas muito inteligentes e com QI (quociente de inteligência) acima dos padrões normais. Essas mesmas pessoas muitas vezes "travam" uma verdadeira batalha psicológica com si mesmas para se relacionarem bem com outras pessoas ou com um grupo de pessoas.

Lembro-me de uma situação recente envolvendo um diretor de uma das maiores empresas varejistas do Brasil. Em um conflito de interesse entre duas áreas, ele mediou e demonstrou uma notável inteligência social ao gerenciar o conflito. Naquele episódio, promoveu um diálogo aberto e construtivo, identificou pontos comuns entre as áreas e contribuiu para uma conexão e solução harmoniosa e eficaz.

• **Adaptabilidade**: já me deparei com a necessidade de me reinventar em diversas ocasiões, seja durante fusões entre empresas, transferências para outros estados ou mudanças de liderança. Nem sempre a adaptação é um processo simples. Exatamente por isso, precisamos ter essa competência desenvolvida. É imprescindível possuir flexibilidade, resiliência e uma mentalidade de crescimento, que permita a aquisição de novas habilidades. Em última análise, a única certeza no cenário profissional é a inevitabilidade da transformação e das mudanças.

Menciono também uma competência fundamental, intimamente ligada à capacidade de ser adaptativo: a antifragilidade. A noção de antifragilidade foi introduzida pelo autor Nassim Nicholas Taleb em sua obra *Antifrágil: Coisas que se beneficiam com o caos*, na qual Taleb (2020) fala que ser antifrágil implica não apenas adaptar-se às mudanças, mas também prosperar e crescer diante da volatilidade, incerteza e desordem. Essa mentalidade não apenas sobrevive às perturbações, mas efetivamente se beneficia delas, tornando-a mais robusta e resistente com o tempo.

Mentalidade de vencedor: domine as *skills* poderosas

Não basta possuir apenas talento; esforço, disciplina e foco são realmente competências poderosas e indispensáveis. "Podem apreciar o talento, mas admiram o esforço, pois, qualquer que seja a capacidade de alguém, o esforço é que deflagra a capacidade e a transforma em realização" (DWECK, 2017). Na combinação do esforço, disciplina e foco, encontramos a força motriz capaz de transformar objetivos ambiciosos em realizações tangíveis; mas atenção: é importante ressaltar que, embora essas competências estejam interligadas e se complementem, elas não são sinônimas.

• **Disciplina**: vejo a disciplina como a poderosa "ponta de lança" de todas as habilidades. A disciplina é determinante para entrar no jogo do progresso do desenvolvimento pessoal e profissional.

Campeões em diferentes campos atribuem seu avanço ao poder da disciplina, nenhum esportista campeão iniciou a carreira em cima do pódio e batendo recordes; o campeão tem propósitos claros, bons hábitos, rotinas de ação e repetição com muita disciplina e é isso que leva a uma constante evolução.

Lembro-me de que, há alguns anos, trabalhei com um jovem colaborador que vou chamar de Bob. Ele se destacava quando o assunto era disciplina com rotinas. Bob tinha disciplina e uma abordagem metódica para gerenciar seu tempo. Ele começava cada dia com uma lista de tarefas bem definidas, priorizando as mais importantes. A consistência nas execuções de tarefas de Bob era notável, conseguindo entregar resultados surpreendentes. Bob também estava sempre disponível para participar de cursos de desenvolvimento profissional, treinamentos dentro e fora da empresa. Sua disciplina nas atividades diárias não apenas o destacou, mas também lhe rendeu uma merecida promoção; hoje está liderando uma grande equipe de alta performance. Bob se tornou um exemplo inspirador para mim, demonstrando que a disciplina pode resultar em reconhecimento e crescimento profissional.

Concordo com o escritor norte-americano Robert Collier, quando ele diz que "O sucesso é a soma de pequenos esforços repetidos diariamente" (ÉPOCA, 2016). Para pessoas que têm uma rotina planejada, seus esforços viram hábitos, que por sua vez viram resultados melhores dia após dia.

Uma boa definição do que é disciplina é sobre fazer o que tem de ser feito, com capricho, mesmo que você não tenha vontade.

- **Foco**: com frequência, deparei-me ultrapassando as 12 horas diárias de trabalho, imerso em várias frentes, desde projetos e reuniões até e-mails para responder, fornecedores para atender e ainda a necessidade de manter a operação eficiente. Isso adicionava ainda mais pressão, tudo isso com a sensação de não estar sendo produtivo. Mas o desafio não estava apenas no volume de trabalho, e sim na dificuldade de manter o foco.

Entendi que não adianta somente iniciativa, trabalho duro e disciplina se não houver foco para fazer acontecer o que é mais importante. Desenvolver essa competência foi crucial para alcançar resultados melhores e proporcionar mais qualidade no tempo investido.

Nesse mundo tecnológico, dinâmico e cheio de dispersão, o foco é, sem dúvida, uma competência muito desejada por todos nós. Isso porque estamos na era de muitas informações e estímulos que levam à desconcentração; cito aqui o celular, televisão e redes sociais. Tudo isso nos seduz e faz que a distração esteja presente o tempo todo em nossas vidas. Precisamos saber dizer não, ter a coragem e a capacidade de fazer escolhas importantes em nossa vida.

O segredo para o potencial máximo

Desvendamos competências poderosas e os mecanismos comportamentais para nos tornarmos autênticos líderes inspiradores, mas não para por aqui: o segredo para um caminho mais próspero para atingir o potencial máximo está na quinta lição aprendida.

A quinta lição é: Potencialize e conecte todas essas competências em busca do seu máximo potencial, busque por mais. Talvez esse não seja o seu primeiro livro sobre liderança, autoconhecimento e inteligência emocional, muito menos será o último; e é exatamente essa persistência em querer explorar seus limites e descobrir novos caminhos que o tornará um bom líder. Procure, encontre, coloque em prática e, acima de tudo, faça com que cada degrau que você avance seja sustentado pela conexão da razão, de seus conhecimentos e de suas individualidades.

Tenha a mentalidade de um grande campeão, não perca de vista seus sonhos. Líderes de alta performance são pessoas comuns realizando feitos extraordinários. Seja protagonista da sua história com entusiasmo nesta extraordinária jornada em busca do seu **potencial máximo**.

Referências

ACCORSI, A. *Self skills: a chave para a liderança*. São Paulo: Literare Books, 2023. p. 16.

DWECK, C. S. *Mindset: a nova psicologia do sucesso*. São Paulo: Objetiva, 2017 p. 50.

ÉPOCA negócios on-line. *Carreira: frases para inspirar você a alcançar o sucesso,* 6 maio 2016. Disponível em: <https://epocanegocios.globo.com/Carreira/noticia/2016/05/30-frases-para-inspirar-voce-alcancar-o-sucesso.html>. Acesso em: 24 jan. de 2024.

GOLEMAN, D. *Liderança: a inteligência emocional na formação do líder de sucesso*. Rio de Janeiro: Objetiva, 2015. p. 16.

TALEB, N. N. *Antifrágil: coisas que se beneficiam com o caos*. Rio de Janeiro: Objetiva, 2020. p. 9-10.

12

A SINERGIA ENTRE INTELIGÊNCIA ARTIFICIAL E INTELIGÊNCIA EMOCIONAL

Este capítulo tem por objetivo estabelecer comparações e identificar possíveis relacionamentos entre inteligência artificial e inteligência emocional. Esses dois conceitos, embora aparentemente opostos e contraditórios, na verdade, guardam estreitas correlações. Sua compreensão pode levar à diminuição de mitos e de mal-entendidos e ao aumento da motivação para estudos e pesquisas visando buscar a aproximação dessas importantes áreas do conhecimento humano.

FERNANDO CARVALHO LIMA

Fernando Carvalho Lima

Sócio-diretor da empresa de Consultoria em Recursos Humanos HR2Business, sócio-executivo da empresa de consultoria especializada em *turnaround* e recuperação de empresas Best Alliance, sócio da empresa de consultoria Fenício I Simplificando Vendas Complexas, Partner do IMDE – Insyst Master Data Establishment, da Suíça, *coach* com formação pelo Erickson College, reconhecido pela International Coach Federation (ICF), e mentor com formação pela Rock Mentoring, de São Paulo.

Graduado em Psicologia, com especializações em Administração de Recursos Humanos, Gestão Estratégica, Psicologia Organizacional e do Trabalho. Acumula mais de 35 anos na área de e recursos humanos em grandes corporações, como Embraer, Credicard/Citibank, Banco Safra, Organizações Odebrecht, Nortel Networks, Votorantim Cimentos, BRF e McLane Supply Chain.

Professor de Psicologia Organizacional e do Trabalho nas Faculdades Salesianas de Lorena de 1977 a 2002, e professor do curso de pós-graduação no Certificates in Business Administration (CBA), do Insper, de 2011 a 2013. Professor de pós-graduação em Psicologia Organizacional e do Trabalho na FMU, desde março de 2017.

Contatos
fernando.carvalho@hr2b.com.br
LinkedIn: https://www.linkedin.com/in/fernando-carvalho-lima-rh
11 95151 1233

A IA é uma tecnologia que vem sendo desenvolvida há muitas décadas, sendo o próprio termo e os primeiros estudos remetidos a 1904. Recentemente houve um enorme progresso com o avanço de pesquisas sobre *Large Language Models* (LLM) e ferramentas de fácil utilização foram disponibilizadas ao público em geral. Trata-se de uma tecnologia desenvolvida pelos seres humanos por meio de algoritmos, cálculos em alta velocidade e programas e sistemas computacionais que visam mimetizar o funcionamento do cérebro humano, e que permite realizar tarefas específicas de maneira automatizada e em alta velocidade. Essas capacidades estão revolucionando setores como saúde, direito, comunicação e transportes.

Geralmente, a inteligência artificial é aplicada a tarefas que normalmente exigiriam a inteligência humana para sua execução. Esses sistemas são projetados para aprender com dados, adaptar-se a novas situações e tomar decisões com base em padrões e informações disponíveis. A IA abrange várias técnicas, como aprendizado de máquina, redes neurais, processamento de linguagem natural e visão computacional.

Assim, a primeira área de preocupação levantada pelos estudiosos e pelas organizações que buscam melhorar a economia e o bem-estar geral da população (como a Organização Mundial do Trabalho [OIT] e o Fórum Econômico Mundial – World Economic Forum), diz respeito justamente ao emprego. Essa discussão, sob o guarda-chuva do "Futuro do Trabalho e o Trabalho do Futuro", é levantada quando se conhecem as projeções de que sistemas automatizados turbinados com IA podem levar a uma ampla substituição do ser humano em muitas das atividades profissionais. Fala-se da eliminação de 70 a 80 milhões de postos de trabalho e o consequente deslocamento de milhões de trabalhadores que possivelmente não poderão ser requalificados para ocupar posições que exijam maior habilidade, treinamento e conhecimento. O aperfeiçoamento da IA e de suas variantes, como o aprendizado de máquina, tem esbarrado na incapacidade, até o momento, de tais tecnologias compreenderem outros aspectos mais profundos e mais sutis da inteligência humana, principalmente as emoções.

A inteligência emocional (IE) é um construto psicológico recente e um dos aspectos da inteligência mais discutidos atualmente. Ela reflete o estudo das interações entre emoção e inteligência, permitindo inferir a complexidade do campo conceitual e as dificuldades metodológicas associadas.

Alguns dos principais autores e suas contribuições para o entendimento da inteligência emocional são:

- **Peter Salovey e John Mayer**: esses pesquisadores definiram a inteligência emocional como a capacidade de perceber, expressar, assimilar e regular emoções em si mesmo e nos outros. Eles dividiram a IE em quatro domínios.
- **Daniel Goleman**: autor do best-seller *Inteligência Emocional*, Goleman popularizou o conceito e destacou sua relevância em áreas como liderança, relacionamentos e sucesso pessoal. Ele enfatiza a importância da IE para o bem-estar e o desempenho humano.
- **Stanley Greenspan**: embora não seja tão conhecido quanto os outros, Greenspan aprofundou a concepção da inteligência emocional décadas após sua primeira menção na literatura científica. Seu trabalho contribuiu para a compreensão das habilidades emocionais e sua relação com o desenvolvimento infantil.

Segundo Daniel Goleman, "a inteligência emocional se refere à capacidade de reconhecer, entender, gerenciar e usar eficazmente as emoções, tanto em si mesmo quanto nos relacionamentos interpessoais". Goleman argumenta que a inteligência emocional é tão ou até mais importante do que a inteligência intelectual (QI) para o sucesso pessoal e profissional.

Ao contrário da IA, que lida com lógica computacional, a IE gira em torno da psicologia humana e da dinâmica interpessoal.

Indivíduos com alta IE demonstram maior resiliência, adaptabilidade e eficácia interpessoal. Eles navegam habilmente por situações sociais complexas, fomentam relacionamentos significativos e demonstram fortes qualidades de liderança. Além disso, a IE desempenha um papel fundamental no bem-estar mental, no gerenciamento do estresse e na satisfação geral com a vida.

A convergência entre a IA e a IE oferece um potencial tremendo para a sinergia. Uma das aplicações mais convincentes reside em aprimorar a interação humano-computador ao dotar os sistemas de IA com inteligência emocional. Ao detectar, compreender e responder às emoções humanas, a IA pode personalizar experiências do usuário, melhorar a satisfação do cliente e facilitar interfaces mais intuitivas. Por exemplo, assistentes virtuais impulsionados por IA equipados com inteligência emocional podem discernir os estados de ânimo dos usuários e adaptar suas respostas de acordo. Eles podem oferecer suporte empático durante interações, fornecendo encorajamento, tranquilidade ou orientação com base no estado emocional do usuário. Da mesma forma, plataformas educacionais impulsionadas por IA podem adaptar as experiências de aprendizado às necessidades emocionais individuais dos alunos, fomentando o engajamento e a motivação. Recente reportagem da NBC Television, dos Estados Unidos, no programa 60 Minutes – A inteligência artificial, apresentou uma aplicação da IA no sistema educacional chinês, em que câmeras equipadas com IA detectam o estado de humor e de ânimo dos alunos, identificando cansaço, ansiedade ou tédio, para orientar os professores a como individualizar o ensino para os distintos alunos.

A IA se baseia em dados coletados de interações humanas, que são carregadas de emoções. Sem entender e processar essas emoções, a IA fica limitada em sua capacidade de compreender o comportamento humano e fornecer respostas adequadas.

A IE é, portanto, crucial para o desenvolvimento de sistemas de IA que interagem com humanos de maneira natural e eficaz. Isso inclui a capacidade de reconhecer emoções, interpretar sinais sociais e adaptar a comunicação em tempo real.

A IA, por seu lado, pode ser usada para aprimorar a IE humana, fornecendo ferramentas para autoconsciência, gerenciamento de emoções e desenvolvimento de habilidades interpessoais, ampliando o autoconhecimento e consequentemente levando a um maior desenvolvimento dos seres humanos.

A IA é excelente em processamento de dados e tarefas repetitivas, mas a IE é fundamental para habilidades como criatividade, empatia e tomada de decisões complexas. A IE permite que os humanos utilizem a IA de maneira estratégica e ética.

A IA pode auxiliar na análise de grandes volumes de dados para identificar padrões e tendências, enquanto a IE fornece a capacidade de interpretar esses dados e tomar decisões com base em valores e intuição.

Integrar inteligência emocional em sistemas de IA não é isento de desafios, especialmente em relação à ética e ao viés. À medida que a IA se torna mais capaz de compreender e influenciar as emoções humanas, surgem no centro das atenções algumas importantes considerações éticas sobre privacidade, consentimento e manipulação. Os desenvolvedores devem priorizar transparência, responsabilidade e imparcialidade no desenvolvimento e na implementação da IA, garantindo que a inteligência emocional seja utilizada de maneira responsável e ética.

A disponibilização de ferramentas de IA amplamente na internet, mesmo no atual estágio de desenvolvimento da tecnologia, ao contrário daqueles que pensam que isso é democratizar o conhecimento, na verdade poderá estar instrumentalizando mentes criminosas e doentias, assim como os radicais políticos e os demais grupos extremistas, e aqueles que apenas visam ao lucro à utilização criminosa e fraudulenta. Daí a necessidade urgente de regulamentação por parte dos Estados, assim como já começa a ser feito pela União Europeia. Além disso, mitigar os vieses algorítmicos e garantir a inclusão é fundamental para evitar agravar as disparidades sociais. Diversidade nas equipes de IA, metodologias de teste robustas, monitoramento contínuo e iniciativas regulatórias são essenciais para abordar os vieses e promover a equidade em soluções impulsionadas por IA.

Algumas aplicações positivas da IA aperfeiçoada com a utilização da IE já são visualizadas e até já estão sendo testadas, como:

- Treinamento de habilidades: sistemas de IA podem fornecer feedback personalizado sobre como gerenciar emoções e melhorar a comunicação em diferentes situações.
- Terapia e aconselhamento: chatbots e sistemas de IA podem oferecer apoio emocional e orientação para pessoas com dificuldades emocionais.
- Educação: a IA pode ser utilizada para criar jogos e ferramentas interativas que ensinam habilidades emocionais para crianças e adultos.

A IA aprimorada com inteligência emocional tem o potencial de revolucionar a prestação de cuidados de saúde mental. Ao analisar padrões de fala, expressões faciais e sinais fisiológicos, os sistemas de IA podem detectar sinais sutis indicativos de angústia emocional ou transtornos de saúde mental. A detecção precoce possibilita intervenções oportunas, facilitando o acesso a recursos de apoio e medidas preventivas. Além disso, terapeutas virtuais e chatbots impulsionados por IA equipados com inteligência emocional podem oferecer suporte personalizado em saúde mental de modo escalável. Eles fornecem escuta não julgadora, respostas empáticas e intervenções baseadas em evidências, complementando a terapia tradicional e reduzindo o estigma associado à busca por ajuda.

É importante garantir que a IA seja desenvolvida e utilizada de maneira ética, com respeito à privacidade e à individualidade.

O uso da IA para manipular emoções e influenciar comportamentos é uma preocupação real que precisa ser cuidadosamente monitorada.

É crucial que a IA seja utilizada para complementar e aprimorar a IE humana, não para substituí-la.

À medida que a IA continua a evoluir e sua integração com a inteligência emocional se aprofunda, uma abordagem centrada no humano deve orientar seu desenvolvimento e utilização. Em vez de visualizar a IA como uma substituição das capacidades humanas, devemos abraçá-la como uma ferramenta para aumentar o potencial humano e promover empatia, criatividade e colaboração.

A IE e a IA, portanto, não são exclusivas, mas sim áreas complementares que podem se beneficiar mutuamente. A IA tem o potencial de aprimorar a IE humana, enquanto a IE é fundamental para o desenvolvimento e uso responsável da IA. É importante que trabalhemos juntos a fim de garantir que ambas as tecnologias sejam utilizadas de maneira ética e responsável para o benefício da humanidade.

13

AFINAL, O QUE É A INTELIGÊNCIA EMOCIONAL?
UMA ABORDAGEM DA FILOSOFIA DA LINGUAGEM

Neste capítulo, abordaremos a inteligência emocional na ótica da Filosofia da Linguagem, um exercício que nos leva a refletir sobre o quanto a comunicação é fundamental para que a teoria seja internalizada e aplicada na vida cotidiana.

JACSON ANDRADE

Jacson Andrade

Palestrante, mestre em Linguística Aplicada. Pós-graduando em Neurociência e Comportamento. Professor licenciado em Letras. Licenciando em Psicologia. Autor dos projetos: Gramática em quadrinhos, Inteligência emocional e quadrinhos. Principal palestra: Potência emocional: como se adaptar às exigências do mundo moderno.

Contatos
gramaticaemquadrinhos@gmail.com palestra@potenciaemocional.com
Instagram: @palestrante.jacson.andrade
@gramaticaemquadrinhos
WhatsApp: 24 98872 1137

Jacson Andrade

"É um alívio conhecer as próprias limitações."
(Albert Einstein)

É inquestionável que a inteligência emocional (IE) tenha um grande PODER, certamente é por essa razão que temos hoje uma fartura de publicações, palestras e treinamentos sobre esse tema. Por outro lado, parece haver um paradoxo se considerarmos o tempo em que ela vem sendo apresentada e o real impacto que teve na vida social. A bem da verdade, se em todos os contextos sociais as ferramentas da IE tivessem sido realmente compreendidas e aplicadas, não teríamos conflitos corriqueiros que se iniciam até em grupos de WhatsApp e acabam gerando agressões físicas em muitos casos. Mais que isso, se a humanidade tivesse compreendido que a IE é na verdade a neurociência afetiva, uma descoberta que nos leva a compreender que todas as relações seguem o princípio da ação e reação, nem guerras entre nações teríamos nos tempos modernos, como as que estamos acompanhando.

E não é por falta de conhecimento, pois quando estive em 2023 no Japão a fim de ministrar uma palestra para a comunidade brasileira nesse contexto das emoções, logo encontrei em revistas japonesas anúncios da teoria de Daniel Goleman, o autor que mais difundiu a IE no mundo. Mesmo assim, parece que a sociedade global é muito reativa no âmbito da evolução da consciência.

No Brasil não é diferente, embora a teoria da inteligência emocional tenha sido publicada aqui em 1995, com o livro de Daniel Goleman (livro mais vendido na época), ela só começou a se popularizar a partir de 15 de janeiro de 1997, com uma matéria na *Veja*, revista de grande circulação no país. Intitulada de *"Inteligência Emocional. A nova descoberta nas empresas e escolas: o sucesso depende mais dos sentimentos que do QI"*, a matéria logo na abertura trazia exemplos polêmicos como o caso da matemática sérvia Mileva Maric, que era praticamente uma escrava de seu marido, Albert Einstein; como o

113

caso de Sigmund Freud, que era obcecado por sua mãe devido ao seu extremo complexo de Édipo; o de Karl Marx, que era um gastador compulsivo, apesar de lutar contra o capitalismo; e de Charles Darwin, que engavetou sua teoria da evolução das espécies por vinte anos devido à síndrome do pânico de que sofria. O objetivo da introdução da matéria foi de imediato ilustrar o papel das emoções nos comportamentos, inclusive de pessoas geniais em suas áreas, bem como o seu papel também no sucesso escolar e profissional de qualquer cidadão.

Na época de publicação da matéria, tudo fluía diferentemente de hoje; a maioria das cidades brasileiras ainda não conhecia a internet, muito menos a telefonia celular. A vida entre os jovens era mais saudável do que se percebe hoje. Talvez por isso que a IE não tenha se consolidado na época. Outras publicações como a *Coleção Planeta*, da Editora 3, e *Qualidade de Vida*, da Digerati, trouxeram-na como destaque, mas num enfoque que mais parecia de publicações exotéricas com a proposta de se "canalizar as emoções".

Em agosto de 2016, intitulada de "Inteligência Emocional. Desenvolva a competência que vai ajudar você a: liderar durante a crise; entregar resultados sob pressão; se destacar no mercado de trabalho", a revista de grande circulação no contexto empresarial, *Você S/A*, traz uma matéria sobre a IE, introduzindo a reflexão sobre a "competência emocional". A partir daí até o "controle emocional" começa a se destacar, o que gera ilusão mental, pois

A ILUSÃO DO CONTROLE EMOCIONAL

O DESAFIO DA INTELIGÊNCIA EMOCIONAL

é humanamente impossível controlar as próprias emoções, o que se pode é apenas controlar o comportamento. Fato que busquei ilustrar no projeto Inteligência Emocional em Quadrinhos, inclusive apresentado a Daniel Goleman quando ele esteve numa convenção em São Paulo no ano de 2018.

Hoje o termo *emocional* virou um sobrenome de várias estratégias, além das citadas, como "saúde emocional", "agilidade emocional", "sustentabilidade emocional", "gestão emocional" "educação emocional"... e foi adaptado e explorado nos mais diversos contextos, como a PNL, a Psicologia, a Neurociência, as ferramentas de coaching, entre outros. No entanto, parece não haver sido dada a efetiva atenção ao que deveria ser o grande pilar de tudo o que envolve as emoções, a comunicação.

A eficácia da implantação de qualquer ferramenta de gerenciamento das emoções se dá mais eficientemente por meio da comunicação, o que já foi discutido na década de 1960 por um dos nossos primeiros linguistas, Othon Moacir Garcia, em seu livro, *Comunicação e Prosa Moderna*. Em sua importante obra, apresentou importantes estudos sobre como a quantidade de palavras que sabemos influencia no nosso sucesso profissional e o quanto um simples hábito de leitura pode minar a capacidade de pensamento e, consequentemente, da gestão das próprias emoções. Ou seja, a ausência de palavras pode minar até a nossa capacidade de sentir.

Em suma, a forma como nos comunicarmos afeta o nosso comportamento e o nosso comportamento afeta a forma como nos comunicamos, pois as competências emocionais e linguísticas se combinam em prol do enriquecimento da comunicação, independentemente da linguagem que usamos. Um franzir de testa, uma piscadela ou outro gesto qualquer, em determinado contexto, já é capaz de comunicar e desencadear variadas emoções. É por essa razão que a inteligência emocional sob a ótica da Filosofia da Linguagem tem grande valor e deve ser considerada, uma vez que a linguagem não é apenas um meio para expressar pensamentos ou informações, mas também um meio para se expressar estados emocionais. E tais estados envolvem desde os vocabulários emocionais até as narrativas metafóricas que exigem a nossa capacidade de compreensão, e isso envolve o papel central da linguagem na construção da experiência humana e na mediação das nossas relações sociais.

É por essa razão que é impossível se pensar bem sem que se adquira o mínimo entendimento da significação das palavras; por isso é fundamental a compreensão dos termos *inteligência* e *emoção*, para atingirmos o **poder da inteligência emocional**. Isso porque tanto a inteligência quanto a emoção fazem parte dos nossos processos psicológicos básicos, dentre os quais também se destacam a **atenção**, a **aprendizagem**, a **memória**, a **percepção**, a **sensação**, a **linguagem**, a **motivação**...

A origem do termo *inteligência*

Refletir sobre a inteligência emocional na ótica da Filosofia da Linguagem, além de exercício de ampliação conceitual, é também um exercício de expansão da consciência, a origem dos termos *inteligência, emoção* e *motivação* deixam claro isso.

Emoção vem do latim "e-movere", sendo o "e-" uma variação de "ex-", que significa "fora" e o "movere" (mover). Então, "e-movere", ou "ex-movere", pode ser entendido como reações internas externadas por meio das nossas ações, gestos, expressões faciais ou outras reações que afetam positiva ou negativamente o nosso corpo. Elas são desencadeadas por fatores sociais e biológicos, estímulos sensoriais, pensamentos ou qualquer outra situação impactada pela complexa comunicação que temos com a vida.

Já a *motivação*, embora relacionada à emoção pelo sentido de movimento, é tida como a força que nos leva em direção a objetivos, desejos ou necessidades. Ela pode ser influenciada por fatores internos, como sonhos, valores e interesses pessoais, ou fatores externos, como recompensas, reconhecimento ou medo de se perder algo. Enquanto a emoção é voltada para o sentir e reagir, a motivação para o agir e atingir.

Quanto à *inteligência*, embora tenha ganhado um sentido de conhecimento, por conta da sua proximidade com a "intelligentia" do latim, e também o sentido de serviço de informações, por conta do inglês "intelligence", sua raiz veio de "legere" (lê-se "leguere"), um termo que num sentido amplo era interpretado como "trazer para si". Quando alguém era responsável pelo que trazia, tínhamos o "colegere", que deu origem ao "colher", e ao "escolher" quando se trazia para si qualquer coisa, mesmo que não se tivesse participado da produção. Você pode colher as rosas que plantou, mas os girassóis, joios, trigos que algum pássaro semeou. Mas, quando entre ("inter" em latim) as opções de escolha havia a reflexão, praticava-se o "inter+legere" que gerou a *inteligência* (capacidade de fazer escolhas).

São as nossas capacidades de fazer boas escolhas que definem o quanto somos inteligentes ou não. É por essa razão que a inteligência emocional é a nossa capacidade de fazer boas escolhas apesar dos impactos sofridos pelas emoções. Porém, como nem tudo são flores que colhemos, haverá também momentos em que a IE não dará conta; nesse caso, entra em ação a potência emocional, tema que tenho trabalhado em palestras e que também será publicado no formato livro.

As limitações da inteligência emocional

Vimos até aqui e em outros capítulos que a inteligência emocional se tornou crucial para as relações pessoais ou corporativas bem-sucedidas, isso porque engloba a capacidade de reconhecer, compreender e gerenciar nossas próprias emoções (não controlá-las) e as emoções dos outros. Sua aplicabilidade, no entanto, não é universal, há situações em que suas ferramentas são insuficientes ou inapropriadas.

Como falar de IE, por exemplo, para os pais que acabaram de perder seu amado filho? Como exigir a habilidade de IE de pessoas com transtornos mentais? Nesses e em muitos outros casos, a inteligência emocional pode até minimizar a complexidade dessas condições, mas são fundamentais as intervenções especializadas, como terapias ou medicações. Além disso, em situações de trauma ou estresse extremo, as respostas emocionais podem ser tão intensas e avassaladoras que a capacidade de aplicar técnicas de inteligência emocional fica comprometida. Em momentos de crise, as reações emocionais podem ser desproporcionais, ilógicas ou até dissociativas, o que torna a tarefa de gerenciá-las com "inteligência" uma expectativa irrealista. É por essa razão que concluo este capítulo mais uma vez trazendo a Filosofia como eixo central no contexto das emoções, pois ela pode nos ajudar a construir uma forma de suportar as adversidades da vida. A vida sempre precisa seguir em frente, apesar de...

Referências recomendadas

AGÜERA, L. G. *Além da inteligência emocional. As cinco dimensões da mente.* São Paulo: Ed. Cengage Learning, 2008.

BAR-on, R.; PARKER, J. D. A. *Manual de inteligência emocional. Teoria e aplicação em casa, na escola e no trabalho.* Porto Alegre: Ed. Artmed, 2002.

BLOUNT, J. *Como supervendedores utilizam a inteligência emocional para fechar mais negócios.* São Paulo: Ed. Autêntica, 2018.

BRADBERRY, T.; GREAVES, J. *Desenvolva a sua inteligência emocional.* São Paulo: Ed. Sextante, 2007.

BRUNET, T. *Emoções inteligentes. Governe sua vida emociona e assuma o controle da sua existência.* Barueri: Ed. Novo Século, 2018.

FONSECA, R. *21 chaves para a realização pessoal. Descubra a sua missão utilizando a inteligência emocional.* São Paulo: Ed. Planeta, 2015.

FONSECA, R. *Emoções – a inteligência emocional na prática.* Guarulhos: Ed. Reflexão, 2015.

GARDENSWARTZ, L.; CHERBOSQUE, J.; ROWE, A. *Inteligência emocional na gestão de resultados.* Rio de Janeiro: Ed. Clio, 2012.

GOLEMAN, D. *O cérebro e a inteligência emocional. Novas Perspectivas.* Ed. Objetiva

GOLEMAN, D. *Inteligência emocional. A teoria revolucionária que redefine o que é ser inteligente.* São Paulo: Ed. Objetiva, 2012.

GOLEMAN, D.; BOYATZIS, R.; McKEE, A. *O poder da inteligência emocional. Como liderar com sensibilidade e eficiência.* São Paulo: Ed. Objetiva, 2018.

GOTTMAN, J.; DeClAIRE, J. *Inteligência emocional e a arte de educar nossos filhos.* São Paulo: Ed. Objetiva, 1997.

HARVARD Business Review. *Inteligência emocional. 10 Leituras Essenciais.* São Paulo: Sextante, 2019.

HERRERO, J. C. *Inteligência emocional. Suas capacidades mais humanas.* São Paulo: Ed. Paulus, 2002.

MARÇAL, P. *O destravar da inteligência emocional. Como hackear o seu cérebro.* Bauru: Ed. Camelot, 2002.

MIRANDA, R. L. *Além da inteligência emocional. Uso integral das aptidões cerebrais no aprendizado, no trabalho e na vida.* São Paulo: Ed. Campus, 1997.

MOREIRA, E. *Inteligência emocional para adultos.* Campinas: Ed. Qualitymark, 2018.

SIMMONS, S.; SIMMONS Jr., J. C. *Avaliando a inteligência emocional.* São Paulo: Ed. Record, 1999.

STANLEY, C. *Inteligência emocional para sucesso nas vendas.* São Paulo: Ed. M. Books, 2014.

WEST, J. L.; OSWALD, R. M.; GUZMÁN, N. *Inteligência emocional para líderes religiosos.* São Paulo: Ed. Büzz, 2002.

14

CARREIRA, CAOS E EMOÇÕES

A verdade é que sempre haverá um novo curso, mudança, relações, morte e nascimento. Desejamos uma jornada linear. Mas nossa vida já não tem um passo a cada vez. Queremos a ordem, e a realidade tem a desordem. Então, deixe-me dizer: o caos é o que antecede a ordem. Bem-vindo à sua construção de carreira, às emoções que nos compõem e à vida que pede passagem e decide.
As transformações e reinvenção de vida e de trabalho.

JANAINA ROST

Janaina Rost

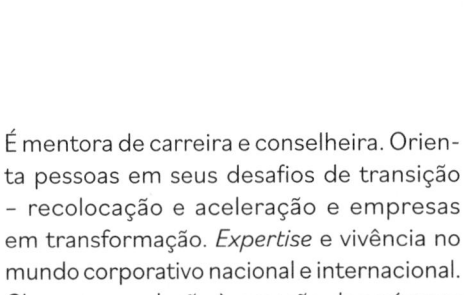

É mentora de carreira e conselheira. Orienta pessoas em seus desafios de transição – recolocação e aceleração e empresas em transformação. *Expertise* e vivência no mundo corporativo nacional e internacional. Clareza em relação à pressão dos números, à agilidade na tomada de decisão e ao enfrentamento dos desafios. Escreve sobre a conexão do indivíduo, negócios, inteligência de mercado e transformações no mundo do trabalho.

Especialista em *counselling, lifedesign* e design instrucional, com mais de 300 carreiras transformadas e cerca de 20 empresas em mentoria. Conselheira de governança corporativa e comitês de pessoas. Atua e pensa em disrupção e reinvenção, metodologias ágeis, prototipagem e novas possibilidades.

Cursou Relações Públicas pela PUC-RS. Pós-graduação em Estratégia e Negócios. Conselheira em governança, na FIA USP-SP.

Contatos
www.janainarost.com.br
janaina@janainarost.com.br
Instagram: @janainarost
LinkedIn: linkedin.com/in/janainarost
11 96326 5110

Emoções, o caos em meio às transições

"O tempo não é a coisa principal. É a única coisa."
(Miles Davis)

Em um mundo corporativo que se transforma na velocidade de um clique, a inteligência emocional surge como a bússola essencial para navegar pelas tempestades da mudança. A jornada profissional é marcada por altos e baixos, ansiedade por conforto e realização, do ainda não feito, e também pela finitude real do tempo. As transições e momentos de aceleração exigem de nós uma preparação que nos guie em meio às incertezas. Mais do que percepção ou intuição, essa preparação requer um plano e direcionamento, por vezes aconselhamento e guia. Aspiramos ser modernos e sustentáveis, mas enfrentamos nossa vulnerabilidade e, nem sempre, assumimos nossa responsabilidade. Essa bússola é nossa inteligência emocional, o lidar com as emoções, uma habilidade que nos permite compreender e gerenciar não apenas nossas reações e ações, mas também as dos outros, as emoções. Ela é a chave para novas oportunidades, nos auxilia a enfrentar adversidades e a impulsionar nossa carreira com propósito.

Para os profissionais, lidar com as emoções é o alicerce que sustenta a capacidade de se reinventar, de encarar o desconhecido com otimismo e resiliência e de refletir sobre experiências passadas com um olhar de aprendizado, indo além da mera resistência. A inteligência das emoções possibilita a construção de relações significativas em novos ambientes e a apresentação de habilidades e talentos de maneira autêntica e convincente. Do ponto de vista organizacional, empresas que valorizam e desenvolvem a inteligência emocional, por meio de conversas fluidas, desafiadoras e por vezes difíceis, mas sempre necessárias, entre seus colaboradores, estão construindo não apenas equipes mais coesas, mas também uma cultura corporativa mais adaptável e inovadora. Elas reconhecem que acolher um novo profissional vai além da transmissão de conhecimentos técnicos; trata-se também de integrar valores, compreender o clima organizacional e construir um senso de pertencimento. Assim, a conexão do indivíduo com a estratégia da empresa se faz não só sobre a tarefa, os projetos, mas também sobre significado, indo além da discussão, se é pelo propósito ou pelos boletos.

Portanto, a inteligência emocional é um elemento transformador tanto para o indivíduo quanto para a organização. Ela permite que ambos se adaptem e prosperem em um cenário de constante evolução, em que a única certeza é a mudança. Cultivar essa habilidade permite que profissionais e empresas não apenas sobrevivam, mas se destaquem, criando legados de impacto duradouro. Afinal, em um ambiente de trabalho cada vez mais complexo e desafiador, no qual a sustentabilidade e a humanização das relações se tornam imperativas, a inteligência emocional é o diferencial que permite navegar com sucesso pelas ondas e desafios da carreira, dos negócios e da cultura da empresa.

O caos em meio às transições

A vida profissional é uma tapeçaria tecida com fios de mudanças inesperadas e planejadas, cada uma carregando potenciais de disrupção e inovação. Bruce Feiler (2020), em *Life is in the Transitions*, nos revela que mais de 60% dos eventos em nossas vidas são involuntários e pessoais, sendo quase 90% profundamente pessoais. Isso sinaliza que, mesmo com esforços para direcionar nosso destino profissional, somos frequentemente conduzidos por correntes de mudanças imprevisíveis e perspectivas nem sempre claras. A inteligência das emoções, neste cenário, é a âncora que nos mantém estáveis enquanto navegamos por águas muitas vezes turbulentas, permitindo-nos encontrar significado e propósito mesmo diante do incerto. Nas mentorias, escuto preocupações como: "sinto que não estou pronto; a empresa acredita que sim, eu não. Não sei por onde começar. O desafio parece maior do que posso enfrentar, e vivo o caos".

A teoria do caos nos mostra que pequenas variações nas condições iniciais podem resultar em mudanças drásticas, uma ideia aplicável tanto à física quanto às trajetórias profissionais de um indivíduo. No ambiente de trabalho, eventos aparentemente menores podem desencadear grandes transformações. "O melhor me limita. O pior me expande", são reflexões comuns em nossas sessões. A inteligência emocional nos habilita a reconhecer esses momentos críticos e utilizar o caos a nosso favor. A aleatoriedade e a incerteza, sendo estressores, nos desenvolvem; é na entrega ao desafio extremo e ao estresse que nos transformamos, convertendo potenciais crises em oportunidades para crescimento e inovação. As emoções nos capacitam a manter a calma e a clareza necessárias para decisões estratégicas em momentos e movimentos de incerteza, ponderando o peso das prioridades e seus significados em nossas vidas.

Nassim Nicholas Taleb, em *Antifrágil: Coisas que se beneficiam com o caos*, introduz a antifragilidade como a capacidade de não apenas resistir aos choques, mas também fortalecer-se com eles. Profissionalmente, a antifragilidade é a habilidade de adaptar-se e prosperar diante das pressões e desafios do ambiente de trabalho. A inteligência emocional é fundamental para essa adaptabilidade, permitindo que os profissionais absorvam o impacto das transições e usem essas experiências para desenvolver resiliência, criatividade e capacidade de inovação. Em vez de sucumbirem ao estresse, eles são energizados e impulsionados por novas experiências e patamares.

As organizações desempenham um papel crucial ao criar ambientes que promovem a antifragilidade. Aquelas que investem na inteligência das emoções de seus colaboradores estão investindo em seu futuro, mais fluido e resiliente, criando espaços onde o aprendizado contínuo, a inovação e o crescimento pessoal e coletivo a longo prazo são valorizados. Ao cultivar uma cultura que abraça a incerteza e vê o caos como uma oportunidade, essas organizações posicionam-se à frente da mudança, prontas para adaptar-se e prosperar, independentemente das tempestades. A performance é vista não apenas em termos de resultados imediatos. Em momentos de tensão e decisão, é crucial questionar: você, sua equipe e sua empresa conseguem escutar e ter uma presença ativa sem interpretar ou interferir? São capazes de conduzir conversas com foco no negócio, além das emoções, com perguntas estruturadas e escutas? Bem-vindo ao mundo da colaboração inteligente, da fluidez das perguntas e escutas.

A força das emoções na jornada profissional

A inteligência emocional impulsiona de maneira estrutural os desafios da recolocação, transição e aceleração de carreira. No processo de recolocação, compreender e gerenciar as próprias emoções é indispensável. Esse período, muitas vezes marcado por incertezas e questionamentos, demanda uma resiliência emocional robusta. Profissionais com alta inteligência emocional mantêm uma visão positiva, aprendem com experiências anteriores e se apresentam de maneira autêntica e persuasiva a potenciais empregadores e novos trabalhos, transformando a recolocação em uma chance para crescimento e desenvolvimento pessoal. Eles reconhecem que a carreira é composta por etapas, cada uma oferecendo novas oportunidades de aprendizado e experiência.

Durante transições de carreira, sejam elas por escolha ou circunstâncias, a inteligência emocional permite aos profissionais navegar pelas mudanças com propósito e significado. A capacidade de permanecer calmo durante a tempestade, de encontrar novos caminhos e de se reinventar é crucial. A inteligência emocional equilibra emoções, gerencia expectativas e facilita decisões, do mundo do trabalho, alinhadas aos valores e objetivos pessoais, transformando inércia em ação e aceleração em progresso. A mentoria de carreira, nesse contexto, é uma ferramenta valiosa, oferecendo isenção, assertividade nas ações e percepções sobre o mercado.

No processo de aceleração de carreira, a inteligência emocional é essencial para manter os líderes alinhados com as prioridades estratégicas do negócio. Facilita a liderança inspiradora, a motivação de equipes e o gerenciamento proativo do desenvolvimento profissional. Compreender os pontos de transformação para novas posições traz clareza de ação e constante aprendizado, alinhando prioridades estratégicas pessoais e organizacionais para uma liderança eficaz e cultura de alto desempenho. E, é claro, o propósito e senso de realização do indivíduo, indo além da performance e do processo.

Contudo, a ausência de inteligência emocional pode resultar em consequências negativas durante processos de recolocação, transição e aceleração. A dificuldade em gerenciar emoções pode levar a oportunidades perdidas e à incapacidade de adaptação. O medo, pela ansiedade ou pelo estresse, paralisa, mesmo nas promoções. Organizações que negligenciam o desenvolvimento da inteligência emocional enfrentam desengajamento, moral baixa e uma cultura organizacional frágil e tensa.

Refletir sobre as disrupções pessoais e seu impacto na carreira é crucial, já que somos seres únicos com histórias, conteúdos e contextos diversos. Em suma, a inteligência emocional é essencial para o sucesso e a satisfação na trajetória profissional, permitindo que indivíduos e organizações não apenas enfrentem, mas prosperem diante das inevitáveis mudanças e desafios do mundo do trabalho. As emoções ligam a capacidade técnica à humanidade, a estratégia à empatia e transformam o caos em uma oportunidade para crescimento e realização. É uma questão não apenas de cumprir com as tarefas, mas de entender quem somos e como somos impactados. Quantas disrupções você está preparado para enfrentar? No futuro do trabalho, a aleatoriedade inclui a amplidão da vida.

A mudança é a constante

Adaptabilidade, uma competência cada vez mais valorizada no cenário profissional atual, reflete a habilidade de se manter flexível e receptivo diante das incessantes mudanças do mundo. Inspirado por pensadores como Mark Savickas (2018), compreendo que a verdadeira adaptabilidade nasce da união entre conhecimento técnico e sensibilidade emocional. Essa síntese tem sido essencial para acolher novas oportunidades com entusiasmo e curiosidade, convertendo o incerto em terreno fértil para o crescimento pessoal e profissional. A adaptabilidade não se limita a uma reação às mudanças; é uma busca ativa por evolução e excelência, sustentada por pilares como curiosidade, conhecimento, controle e consideração, todos profundamente interligados às emoções.

As emoções são fundamentais na construção da confiança, que se origina da aceitação, nutrida pela atenção e preocupação genuínas. A confiança transcende simples interpretações, julgamentos ou inferências, estabelecendo bases sólidas para ambientes seguros e credibilidade em combinações e acordos. Em tais ambientes, orientados por desempenho, produtividade e resultados, abre-se espaço para a criatividade, aprendizado e para emoções fluidas que se cristalizam em legado e construções de longo prazo.

Em minha trajetória, presenciei e contribuí para o desenvolvimento de culturas organizacionais que priorizam tanto a adaptabilidade quanto a inteligência emocional. Organizações que abraçam esses valores prosperam, reconhecendo que o desenvolvimento humano é tão crucial quanto o sucesso da empresa. Elas fomentam um ambiente de aprendizado contínuo, no qual a experimentação é incentivada e os erros são compreendidos como passos vitais rumo à inovação. Tal abordagem cria um ecossistema resiliente e antifrágil, em que a cultura é realidade vivida, fortalece-se e evolui a cada novo desafio enfrentado.

Olhando para o futuro, é inegável que as emoções desempenharão um papel ainda mais significativo. As competências técnicas podem ser superadas por novas ondas de inovação, mas a capacidade de conectar-se emocionalmente com os outros e adaptar-se com agilidade representa um diferencial humano insubstituível. Como profissional, a inteligência das emoções me permitiu liderar com empatia e visão estratégica, apoiando organizações e executivos a não apenas sobreviver, mas prosperar em meio à transformação contínua. Lidar com as emoções não é apenas uma estratégia para o presente, mas um investimento indispensável para quem deseja navegar com sucesso no futuro do trabalho.

A carreira é uma jornada individual de ressignificação de limites e expansão de horizontes, em que as transições e as emoções evoluem, inaugurando novas fases para a vida e o trabalho, tanto para o indivíduo quanto para a empresa.

> *"A vida, do instante em que nascemos ao instante em que morremos, é um constante aprendizado."* (The Awakening of Intelligence)
> Jiddu Krishnamurti, filósofo e escritor

Referências

ANDREATTA, B. *Programados para crescer 2.0: use o poder da neurociência para aprender e dominar qualquer habilidade.* São Paulo: Madras Editora, 2021.

ARON, E. *Pessoas altamente sensíveis. Como lidar com o excesso de estímulos e usar a sensibilidade a seu favor.* Rio de Janeiro: Sextante, 2021.

FEILER, B. *Life is in the transitions. Mastering change at any age.* New York: Penguin Press, 2020.

GARDEN, H. *Mentes que mudam. A arte e a ciência de mudar as nossas ideias e as dos outros.* Porto Alegre: Artmed/Bookman, 2005.

GOLEMAN, D. *Inteligência emocional. A teoria revolucionária que redefine o que é ser inteligente.* Rio de Janeiro: Editora Objetiva Ltda, 1995.

KRAUSZ, R. R. *Trabalhabilidade.* São Paulo: Nobel, 1999.

NASIO, J. D. *Por que repetimos os mesmos erros.* 2. ed. Rio de Janeiro: Zahar, 2014.

PINK, D. *Quando. Os segredos científicos do timing perfeito.* Rio de Janeiro: Objetiva, 2018.

SAVICKAS, M. *Career Adaptability.* American Psychological Association (APA), 2018.

TALEB, N. N. *Antifrágil: coisas que se beneficiam com o caos.* Rio de Janeiro: Objetiva, 2020.

ULRICH, D.; ULRICH, W. *The Why of Work: How Great Leaders Build Abundant Organizations That Win.* Columbus: McGraw-Hill, 2010.

15

INTELIGÊNCIA EMOCIONAL
O RECONHECIMENTO DAS EMOÇÕES COMO CAMINHO PARA A AUTOCONSCIÊNCIA

As emoções, como estados que nos mobilizam nas dimensões fisiológica, cognitiva e comportamental, precisam ser reconhecidas e nomeadas para que atuemos com mais consciência e eficácia, a fim de privilegiarmos comportamentos que, para além de garantir a nossa sobrevivência, concorram para a realização de nossos valores e objetivos de vida. Por isso, entendemos que uma maior aproximação sobre a temática da inteligência emocional, além de importante, se faz, sobretudo, necessária.

JOSIANY MACEDO

Josiany Macedo

Psicóloga clínica (CRP 17/1094). Graduada em Psicologia pela UFRN (2004). Graduada em Direito pela Faculdade Nacional de Direito/UFRJ (2015). Pós-graduada em Psicologia Clínica pela UFRN (2005). Pós-graduada em Neuropsicologia pela Universidade Potiguar (2021). Pós-graduada em Terapia Cognitivo-comportamental (FASU/2022). Com Formação em Terapia Cognitivo-comportamental (Camboim & Petrucci/2020). Formação em Psico-oncologia (LNRCC/2018). Facilitadora do Programa Encorajando Pais (2020). Curso de Aperfeiçoamento em Psicologia Perinatal e da Parentalidade (2023). Tem 20 anos de experiência clínica em psicoterapia com crianças, adolescente e adultos.

Contatos
Instagram: @josianymacedosferreira
josianymacedo@hotmail.com
84 99665 2848

A inteligência emocional é uma expressão que pode ser compreendida como um conjunto de competências que, ao serem desenvolvidas, viabilizam um manejo adequado das emoções que emergem nas nossas experiências do dia a dia.

As habilidades que compõem a inteligência emocional, conforme defende Goleman (2019), são: autoconhecimento, autocontrole, motivação, empatia e destreza social. Todas elas aptidões necessárias para a construção de um ambiente emocionalmente inteligente, tanto interna como externamente.

Todavia, em nossa reflexão, optamos por aproximar o nosso olhar na perspectiva do **autoconhecimento**, pois compreendemos que o reconhecimento das emoções constitui aptidão fundamental que permite a emergência das demais habilidades.

Para que possamos vivenciar as nossas emoções de maneira funcional e adaptativa, a habilidade de reconhecer e nomear as emoções é parte fundamental desse processo por proporcionar clareza e conhecimento capazes de nutrir a nossa autoconsciência, bem como conferir maior qualidade às nossas relações com nós mesmos e com os outros.

Segundo Goleman (1995), as emoções se refere a estados biológicos, psicológicos e cognitivos distintos, que nos orientam a uma ampla gama de tendências para agir. Tal definição, com a qual coadunamos, expressa muito da complexidade envolvida na vivência de uma experiência emocional.

As experiências emocionais são produzidas por meio de duas vias de processamentos básicos: uma via mais rápida, secundária, que tem como seu centro de controle a amígdala cerebral, e uma via mais lenta, longa e de avaliação refinada, que é mediada pelas estruturas do córtex (MENDES, 2022). Quanto mais intensa a valência emocional, promovida pelo estímulo indutor da emoção, mais somos comandados pelas respostas emocionais acionadas pela amígdala cerebral.

Nesse sentido, as emoções acionam uma série de comandos químicos e neurais que buscam nos preparar para a ação, considerando os estímulos percebidos, de maneira consciente ou não, nas circunstâncias em que nos encontramos.

As emoções falam a nós, invariavelmente, por meio de nosso corpo. A nossa fisiologia se altera conforme as especificidades dos estímulos que captamos no contexto, pois as nossas respostas emocionais têm um papel regulador que nos faz adotar padrões de respostas que melhor atendam ao propósito de conservação de nossa vida (DAMÁSIO, 2015).

Na dimensão cognitiva, os nossos pensamentos também são capturados pelas emoções, na medida em que os nossos processos reflexivos tendem a dar significado às reações corporais que estão relacionadas às emoções. De tal modo, podemos compreender como a nossa experiência emocional tem forte influência sobre o que somos capazes de perceber, pensar e fazer em determinadas situações.

Como temos reiterado, as emoções conduzem o nosso organismo a várias reações corporais. Tais reações serão significadas por processos cognitivos que as representarão como imagens e/ou palavras. Essas imagens e/ou palavras, por sua vez, detêm a capacidade de evocar outras palavras, imagens, reações emocionais e comportamentais numa rede de associações de fluxo contínuo; isso foi denominado, por psicólogos na década de 1980, de *efeito de priming* (KAHNEMAN, 2012).

Assim, a emoção faz parte do conjunto complexo que integra os nossos processos de raciocínio e tomada de decisão, sem ela somos incapazes de decidir adequadamente.

Sob seu domínio, em doses excessivas, não acessamos os nossos melhores lugares de decisão. Como esclarece Damásio (2015, p. 44) "emoções bem direcionadas e bem situadas parecem constituir um sistema de apoio sem o qual o edifício da razão não pode operar a contento". Desse modo, temos que os nossos comportamentos, também, são dirigidos pela nossa experiência emocional. Existe uma significativa influência das emoções em nossas respostas comportamentais, mesmo dentre aquelas que consideramos mais racionais.

A emoção atravessa a razão e, também, é modulada por ela; os conteúdos dos nossos pensamentos podem tanto nos conferir mais calma quanto ampliar, sobremaneira, a duração, o curso e a valência da experiência emocional.

A mente emocional, conforme afirma Goleman (1995), com seu caráter associativo, responde aos estímulos atuais presentes no ambiente, sobretudo àqueles que mais nos mobilizam, com o olhar para o passado. No comportamento reativo, na imediaticidade da resposta comportamental, agimos com o mesmo repertório – muitas vezes, desatualizado – das experiências de outrora.

Quanto mais intensa a emoção, mais impulsivo será o nosso comportamento. Porém, de ações impulsivas os mares dos incômodos estão cheios.

As nossas emoções podem ser despertadas por diversos estímulos, sejam eles internos ou externos, tais como: pensamentos, lembranças, estímulos visuais, sonoros, entre outros. Esses estímulos também chamados de indutores de emoções e guardam certa correspondência com os estados emocionais resultantes (DAMÁSIO, 2015). Ao ouvirmos uma música da qual muito gostamos, podemos sentir alegria, ao passo que uma breve lembrança de alguém que perdemos pode desencadear uma súbita onda de tristeza.

Importa ressaltar que as próprias experiências emocionais podem atuar como estímulos desencadeadores de outras respostas emocionais, ou seja, as experiências emocionais podem se apresentar como estímulos indutores de emoções. Isso quer dizer que podemos ficar ansiosos por estarmos ansiosos, bem como surpresos por estarmos tristes. Tais respostas emocionais, denominadas *emoções secundárias*, retroalimentam as emoções surgidas inicialmente, ampliando-as e/ou intensificando-as, podendo elevar, sobremaneira, os desconfortos emocionais que se projetam quando da vivência de emoções desagradáveis.

No curso do nosso desenvolvimento enquanto espécie fomos ampliando o espectro das emoções que experimentamos; assim, o nosso repertório emocional conta com mais matizes de emoções que essa breve reflexão compartilhada poderia dar conta de enumerar.

A despeito desse limite e, também, por causa dele, gostaríamos de oferecer, ao menos, alguns concisos esclarecimentos a respeito de como se apresentam em nós algumas das emoções básicas. Conforme definidas por Paul Ekman (2003), as emoções básicas também conhecidas como universais – por serem reconhecidas como presentes em todas as culturas – são: alegria, raiva, nojo, tristeza e medo.

A **alegria** é, dentre essas, a mais gostosa de se viver! É uma emoção agradável que nos deixa motivados e animados para agir. Ela acontece quando estamos diante de estímulos que associamos a momentos felizes em que nos sentimos satisfeitos. No corpo, poderemos sentir sensações de excitação e euforia ou mesmo calma, dependendo da valência com que a emoção se apresenta. Em excesso, a alegria pode fazer com que deixemos de perceber os riscos de uma dada situação.

Já a **tristeza** é o oposto da alegria. É a emoção que nos informa de uma situação de perda, da perda de algo com o qual nutríamos vínculos considerados significativos. No corpo sentimos a tristeza como falta de ânimo, no coração sentimos pesar a angústia e a falta de esperança. O lado bom é que ela passa, como passam todas as emoções. Outro ponto positivo é que podemos aprender muito com a tristeza, ela nos mostra o que para nós é muito importante.

A **raiva**, assim como a tristeza, é uma emoção desagradável de sentir e costuma acontecer quando nos vemos diante de situações nas quais consideramos que fomos injustiçados. Portanto, da sua natureza nasce o desejo de reparação. Na hipótese de sermos tomados pela emoção de raiva, o nosso corpo também mobilizará energia, aumentando a tensão dos músculos, acelerando os batimentos cardíacos, travando a nossa mandíbula, organizando-nos para a luta. A raiva, quando expressa de maneira desorganizada, pode nos causar sérios prejuízos, mas quando regulamos adequadamente sua expressão evitamos ser envolvidos ou permanecer em situações desrespeitosas e abusivas.

O **medo**, por sua vez, é a emoção que nos avisa sobre a existência de estímulos que nos parecem perigosos e ameaçadores.

Se nos deparamos, por exemplo, com um estímulo que nos causa medo, o nosso organismo mobilizará rapidamente um maior fluxo sanguíneo para a região dos músculos das pernas; com essa energia adicional, estaremos mais preparados para o caso de adotarmos um comportamento de fuga. Ele nos aparelha de respostas comportamentais que visam nos proteger das situações de perigo; sem ele, sucumbiríamos diante dos malefícios que poderiam pôr em risco a nossa segurança.

O **nojo** nos alerta quanto aos perigos de intoxicação e envenenamento. O nosso corpo percebe o nojo por meio de desconfortos fisiológicos e psicológicos – como náuseas, arrepios e repulsa – capazes de impedir o contato e/ou a ingesta de algo que parece violar a nossa integridade física ou psíquica. As sensações são desagradáveis, mas seu caráter, sem dúvida, é protetivo.

Com o intuito de expandir a compreensão e, também, de permitir uma apropriação mais concreta desse importante conhecimento, a seguir, compartilharemos dois exercícios práticos que podem auxiliar no aperfeiçoamento da habilidade de reconhecimento das emoções. Como toda habilidade, **a prática constante é a raiz de seu domínio. Vamos experimentar?**

Exercícios práticos

• Um exercício que poderá auxiliar no processo de reconhecimento das emoções é a prática de *mindfulness*, que envolve voltar a atenção, de maneira clara, gentil e consciente para as experiências internas que nos ocorrem de momento a momento. Desenvolver a autoconsciência emocional, por meio de *mindfulness*, se relaciona com olharmos para o que acontece dentro de nós quando experimentamos as nossas emoções. Pesquisas apontam que a prática de *mindfulness* é uma poderosa ferramenta na redução da ansiedade, depressão e na melhora do bem-estar geral (NEFF, 2019, p. 2).

• Outro importante exercício que pode contribuir para a ampliação da consciência acerca de nossas emoções é a escrita de um "Diário de Emoções". Ele é um modo eficaz de monitorar as emoções que se apresentam em nós todos os dias. Compreender quais são os estímulos que despertam determinadas emoções, como nos sentimos quando essas emoções emergem, quais são os pensamentos que tais sensações desencadeiam e escrever sobre esses processos costuma promover uma clareza organizadora de nossa experiência interna e externa. Pesquisas revelam que a prática habitual da escrita pode melhorar de forma significativa a nossa saúde emocional e física (ABREU, 2016).

Palavras finais

Por fim, compreendemos que o reconhecimento de nossas emoções é, portanto, um caminho profícuo que nos aproxima de nós mesmos, importando em autoconhecimento e ampliação da nossa capacidade de autocontrole. Firmados nesses competentes processos seremos, também, abarcados pelo desenvolvimento de uma autoestima saudável e um senso de autoeficácia fortalecido que, juntos, nos guiarão para o exercício de tomada de decisões mais adaptativas e maior êxito em nossos processos de vida.

Referências

ABREU, C. N. de. *Psicologia do cotidiano: como vivemos, pensamos e nos relacionamos hoje*. Porto Alegre: Artmed, 2016.

BARROS, D. M. de. *O lado bom do lado ruim*. Rio de Janeiro: Sextante, 2020.

DAMÁSIO, A. *O mistério da consciência*. 2. ed. São Paulo: Companhia das Letras, 2015.

EKMAN, P. A universalidade das emoções. In: GOLEMAN, D. *Como lidar com emoções destrutivas*. Rio de Janeiro: Campus, 2003.

GOLEMAN, D., et al. *Inteligência emocional*. Rio de Janeiro: Sextante, 2019.

GOLEMAN, D. *Trabalhando com a inteligência emocional*. Rio de Janeiro: Objetiva, 2001.

GOLEMAN, D. *Inteligência emocional*. Rio de Janeiro: Objetiva, 1995.

GOTTMAN, J. *Inteligência emocional e a arte de educar os nossos filhos*. Rio de Janeiro: Objetiva, 2001.

KAHNEMAN, D. *Rápido e devagar: duas formas de pensar*. Rio de Janeiro: Objetiva, 2012.

LLENAS, A. *Diário das emoções*. São Paulo: Benvirá, 2015.

MENDES, M. A. *A clínica das emoções: teoria e prática da terapia focada nas emoções*. Novo Hamburgo: Sinopsys Editora, 2022.

NEFF, K. *Manual de mindfulness e autocompaixão*. Porto Alegre: Artmed, 2019.

16

A INTELIGÊNCIA EMOCIONAL COM A SABEDORIA DE DEUS

Busquei uma interação em descrever todas as oportunidades e caminhos que a inteligência emocional faz na vida de quem a estuda e coloca em prática com a força da sabedoria divina que pode fazer muito além do que imaginamos. Levo, como exemplo de sabedoria, aquele que passou por esta terra ensinando e amando como o maior pensador que o mundo conheceu, e derramou sabedoria e fundamentos onde dividiu o tempo entre antes e depois dele.

JÚNIOR MORENO

Júnior Moreno

Palestrante, com formações em *coaching* empresarial, *Leander Coach,* analista comportamental; possui também formações pela Sociedade Internacional de Hipnose e formação em programação neurolinguística. Hoje, viaja o Brasil com a formação de treinador comportamental de alto impacto. Com mais de 20 anos de experiência em mentorias e formação de líderes, está à frente no desenvolvimento da maior franquia de escolas de inglês e formação de líderes e empreendedores no Brasil, com crianças e adolescentes de 7 a 17 anos. Possui experiência e mais de 3000 horas de palco, levando palestras e treinamentos por quase todos os estados do país; essa é a fonte da alegria e da prosperidade.

Contatos
juninhomorenooficial@gmail.com
Instagram: @juninhomorenooficial
Facebook: Juninho Moreno

Você já agradeceu pelo dia de vida hoje?

Você já agradeceu pela oportunidade de poder ler estas frases e palavras? Porque a oportunidade em agradecer pelo dia de vida é a sublime oportunidade em estar vivendo mais um dia, assim como poder ler é ter a inteligência adquirida na leitura e, principalmente, a oportunidade de estar enxergando.

Muitas vezes, por parecer algo simples e cotidiano, nos esquecemos de agradecer por situações e oportunidades que só valorizamos quando encontramos algo adverso, como quando encontramos alguém com deficiência visual e valorizamos nossa visão, ou quando encontramos alguém em uma cadeira de rodas e valorizamos a oportunidade de podermos nos locomover.

Muitos de nós precisamos ser impactados pela adversidade para valorizar grandes conquistas que, no dia a dia, parecem ser simples.

Assim começamos a destacar as reações da inteligência emocional e suas conquistas.

Sabemos que a inteligência emocional tem uma ligação direta à disposição da sabedoria, que reflete outros aspectos em relação ao emocional que nos envolve.

Quero salientar então que a inteligência emocional tem um poder incrível de superar nossos limites e atingir os mais altos índices de realizações e conquistas.

No entanto, a inteligência emocional é algo que buscamos desenvolver e evoluir, enquanto a sabedoria divina é algo que vem de um ser superior, algo divino, que vai além da nossa capacidade de conhecimento humano.

Então, quais as semelhanças ou diferenças entre nossa inteligência emocional e a sensibilidade da sabedoria que nos envolve?

A semelhança entre a inteligência emocional e a sabedoria de Deus pode ser vista em sua capacidade de compreender, gerenciar e responder de maneira eficaz às emoções. Tanto a inteligência emocional quanto a sabedoria divina envolvem um entendimento profundo das emoções, a capacidade de lidar com desafios emocionais e a orientação para tomar decisões sábias.

A inteligência emocional se baseia na habilidade de compreender as próprias emoções e as dos outros. Da mesma forma, a sabedoria de Deus envolve a compreensão profunda das emoções humanas e divinas.

Um exemplo simples em relação à inteligência emocional e à sabedoria é o que chamamos de fé, pois a fé é um firme fundamento das coisas que se esperam e a prova das coisas que não se veem.

Aqui, já vemos que a inteligência emocional vai até seu limite humano, enquanto a sabedoria pode ir muito além do que conhecemos e adquirimos.

Ambas buscam a capacidade de gerenciar as emoções de maneira construtiva. A inteligência emocional visa controlar impulsos e lidar de maneira eficaz com situações emocionais. A sabedoria divina implica a capacidade de guiar as emoções humanas de acordo com princípios divinos.

A inteligência emocional valoriza a empatia, a capacidade de se colocar no lugar do outro. A sabedoria divina muitas vezes é associada ao amor compassivo, que transcende as emoções humanas, promovendo a compaixão e a compreensão.

Tanto a inteligência emocional como a sabedoria divina incentivam a visão além do momento presente. A inteligência emocional encoraja a consideração das consequências a longo prazo das decisões emocionais, enquanto a sabedoria divina, muitas vezes, envolve uma perspectiva eterna.

É importante notar que a comparação entre inteligência emocional e a sabedoria de Deus pode variar dependendo das crenças e perspectivas individuais.

A inteligência emocional e a espiritualidade cristã são duas áreas que podem influenciar positivamente a vida das pessoas, embora sejam distintas. Vamos abordar brevemente cada uma delas.

A inteligência emocional refere-se à capacidade de compreender e gerenciar as próprias emoções, bem como pode levar a relacionamentos mais saudáveis, maior resiliência diante das adversidades e uma vida mais equilibrada.

A espiritualidade cristã está centrada na fé cristã, seguindo os ensinamentos da Bíblia e a relação com Deus por meio de Jesus Cristo. Isso inclui práticas como oração, leitura da Bíblia, participação em comunidade e busca pela santidade.

Para muitos, a espiritualidade cristã proporciona um senso de propósito, esperança, paz interior e orientação moral.

A inteligência emocional valoriza a empatia, a capacidade de se colocar no lugar do outro. A sabedoria divina muitas vezes é associada ao amor compassivo, que transcende as emoções humanas, promovendo a compaixão e a compreensão.

A questão da inteligência humana em contraste com a sabedoria manifestada na natureza é um tema fascinante e complexo. A inteligência humana, de fato, nos permite estudar e compreender os princípios da engenharia, desenvolver tecnologias avançadas e realizar feitos impressionantes.

Por outro lado, a natureza também nos apresenta exemplos de extraordinária sabedoria e engenhosidade, como o caso do pássaro joão-de-barro (também conhecido como forneiro), que constrói seu ninho com maestria, sem ter frequentado escolas de engenharia. Este é um exemplo de como a sabedoria divina se manifesta na criação, fornecendo aos seres vivos habilidades incríveis para enfrentar os desafios do ambiente.

Enquanto a inteligência humana é, muitas vezes, adquirida por meio do estudo e da experiência, a sabedoria da natureza parece ser inata, transmitida geneticamente ao longo de gerações e adaptada por meio da seleção natural. Ambas, no entanto, refletem aspectos da complexidade e da beleza do universo, cada uma com seu próprio papel e importância.

É um pensamento comum que, devido aos avanços tecnológicos e científicos, o homem possa, em algum momento, acreditar que pode superar a sabedoria de Deus. No entanto, é importante reconhecer que a inteligência humana e a sabedoria divina operam em diferentes domínios.

A inteligência humana nos permite entender e manipular aspectos do mundo material e desenvolver tecnologias sofisticadas. No entanto, a sabedoria de Deus é vista na ordem e na complexidade do universo, nas leis da natureza e na beleza da criação.

Embora os avanços científicos e tecnológicos possam nos dar a ilusão de controle e poder, há muitos mistérios e limitações que permanecem além do alcance da compreensão humana. A humildade é essencial ao reconhecermos os limites da nossa inteligência em comparação com a vastidão e a profundidade da sabedoria divina.

Entender e desenvolver a inteligência emocional podem ser consideradas formas de acessar e aplicar a sabedoria que Deus concedeu aos seres humanos. A inteligência emocional envolve a capacidade de reconhecer, compreender e gerenciar nossas próprias emoções, bem como as emoções dos outros.

O poder da inteligência emocional

Ao praticar a inteligência emocional, aprendemos a lidar com os desafios da vida de maneira mais equilibrada e compassiva. Podemos cultivar relacionamentos mais saudáveis, tomar decisões mais conscientes e lidar com o estresse e a adversidade com mais eficácia.

Muitas tradições espirituais enfatizam a importância da sabedoria emocional como parte do caminho para o crescimento pessoal e espiritual. Ao compreendermos e honrarmos as emoções como parte integrante da experiência humana, podemos nos conectar mais profundamente com nossa própria essência e com os outros.

Portanto, desenvolver a inteligência emocional pode ser visto como uma forma de honrar e utilizar a sabedoria divina que está presente em cada aspecto de nossa existência na Terra.

Não poderia eu terminar este capítulo dedicado à capacidade do poder da inteligência emocional e ao poder da sabedoria divina sem destacar o valor que está sendo o maior reconhecimento deste século, o sentimento de gratidão.

Com certeza, a gratidão é uma palavra de ordem quando se trata de reconhecer e valorizar a inteligência e a sabedoria. Ao expressarmos gratidão, reconhecemos e honramos as contribuições e os benefícios que recebemos, sejam eles resultado da inteligência humana, da sabedoria divina ou de ambas.

Expressar gratidão nos conecta com um sentimento de apreço e reconhecimento pela beleza e generosidade do mundo ao nosso redor. Isso nos ajuda a cultivar uma mentalidade positiva, focada no que temos em vez do que nos falta, e a fortalecer nossos relacionamentos com os outros e com o divino.

Quando reconhecemos a inteligência e a sabedoria por trás das bênçãos que recebemos, desenvolvemos uma profunda sensação de humildade e reverência pela vida. A gratidão nos lembra que somos parte de algo maior e nos convida a viver com mais consciência, bondade e generosidade.

Portanto, sim, gratidão é realmente uma palavra de ordem quando se trata de reconhecer a inteligência e a sabedoria que permeiam nossas vidas.

17

O CAMINHO PARA UMA VIDA SIGNIFICATIVA

Mergulharemos em um conceito transformador para que se viva uma vida significativa: a flexibilidade psicológica. Iremos desvendar a sua relação com a inteligência emocional e conhecer os seis processos psicológicos a partir da visão da terapia de aceitação e compromisso (ACT), que é uma das abordagens da Psicologia que mais tem crescido na última década. Antes de aplicar a ACT nos meus atendimentos em consultório, pude vivenciar, de maneira pessoal, o quanto exercitar esses processos transformou a minha vida, e será um prazer apresentá-los para você!

LARISSA SOUSA

Larissa Sousa

Larissa Sousa é psicóloga clínica (05/64770) formada pelo Centro Universitário IBMR, pós-graduada e especialista em Terapia de Aceitação e Compromisso (ACT) pelo Ceconte, que é a abordagem pela qual atende seus pacientes.

Possui experiência na área de RH/treinamento de empresas, incluindo multinacionais e, atualmente, atua exclusivamente na clínica. Já realizou diversos cursos de aprimoramento em terapias contextuais, *mindfulness* funcional e neuropsicologia. Também é fundadora do PsiClub, uma comunidade que tem como objetivo ser um espaço colaborativo e acolhedor para psicólogos. Dentre as frentes do projeto, mais de 1.000 psicólogos já foram alcançados. Além disso, é idealizadora do "Mergulhando na ACT", um curso on-line sobre teoria e prática da ACT para profissionais da área da saúde.

Contatos
psi.larissasousa@gmail.com
Instagram:@psiporlari
21 99568 5552

Pressões no ambiente de trabalho, tarefas que se acumulam em casa, o receio de perder alguém querido, a ansiedade sobre qual decisão tomar, pensamentos acelerados – são essas algumas das experiências multifacetadas que podemos vivenciar enquanto seres humanos.

Será que é possível lidar com esse turbilhão de experiências, sentimentos e pensamentos e ainda assim viver uma vida significativa e prazerosa? Por vezes, pode parecer desafiador. De fato, o sofrimento é inerente à vida e mesmo que busquemos prever, analisar e julgar os riscos, muito provavelmente iremos nos deparar com emoções difíceis de serem sentidas, e é nesse momento que entra a flexibilidade psicológica (FP).

Podemos definir esse conceito (FP) pela *capacidade de estar em contato com o momento presente, com plena consciência* e escolhendo *ações com base em nossos valores.*

Ao me formar em psicologia, escolhi a terapia de aceitação e compromisso (ACT) como especialização para meus atendimentos. A ACT é uma abordagem da psicologia criada por Steven Hayes na década de 1980 e tem como principal objetivo proporcionar a FP.

E qual é a relação entre a flexibilidade psicológica e a inteligência emocional (IE)? Embora abordem aspectos diferentes, a FP está intrinsecamente conectada e proporciona um terreno fértil para o florescimento da IE. Ambas as habilidades convergem para promover uma relação mais saudável e harmoniosa com as emoções, contribuindo para uma vida mais significativa.

O modelo da FP explorado pela ACT é estruturado por meio de seis processos psicológicos. Eles interagem entre si e ocorrem simultaneamente, podendo estar mais próximos da flexibilidade (qualidade de vida e bem-estar) ou de seus processos opostos de inflexibilidade (sofrimento humano e psicopatológico), sendo eles os processos de flexibilidade: aceitação, desfusão, self como contexto, momento presente, valores e ações com compromisso.

Segundo a ACT, para cada um dos seis processos de flexibilidade, há um processo oposto de inflexibilidade psicológica, que são: esquiva experiencial, fusão, self conceitualizado, atenção inflexível, baixa clareza de valores e impulsividade.

Com o objetivo de trazer clareza sobre como podemos aplicá-los e, consequentemente, termos uma vida mais significativa, irei explorar como desenvolver a FP a partir dos seis processos a seguir

Não fuja das emoções

Para começar, é importante destacar que o processo psicológico de **aceitação** é muitas vezes confundido com "acomodação" ou "resignação" diante dos acontecimentos da vida. Porém, por meio do olhar da ACT, esse primeiro pilar representa uma atitude aberta diante da vida, uma disposição para vivenciar os pensamentos, sentimentos e emoções que surgem, independentemente de serem agradáveis ou não.

Reflita por um momento: qual foi a última vez que você se permitiu aprender algo novo? Como foi essa experiência? Você abriu espaço para cometer erros durante o processo de aprendizado, ou já desejava dominar a atividade desde o início? Muitas vezes, ao embarcar em algo que não estamos acostumados, nos sentimos desconfortáveis por não possuirmos prática prévia. No entanto, ao tentarmos evitar esse desconforto, corremos o risco de nunca explorarmos algo novo, por exemplo.

Seja ao aprender uma habilidade, estabelecer uma nova amizade ou realizar uma mudança significativa, pense: você normalmente é receptivo às suas emoções internas, ou está constantemente tentando controlar o que deve ou não sentir?

Manter uma postura fechada diante da vida, conhecida como **esquiva experiencial**, caracteriza-se por uma luta contínua para evitar qualquer tipo de desconforto, seja em uma conversa difícil ou ao enfrentar um novo desafio. Não há problema em querer evitar emoções desconfortáveis em alguns momentos, mas quando essa é a única estratégia para lidar com elas, pode ser bastante prejudicial. Ao fugirmos do sofrimento, escapamos também da essência da vida. Isso ocorre porque muitas das coisas que valorizamos podem, por sua própria natureza, ser desafiadoras e/ou até mesmo desconfortáveis.

A verdadeira riqueza da vida se revela quando conseguimos abraçar não apenas as alegrias, mas também as dificuldades que, por vezes, acompanham aquilo que valorizamos.

Pensamentos são só pensamentos

O segundo processo psicológico que pode nos afastar de alcançar uma vida significativa é a maneira como lidamos com nossos pensamentos. Imagine-se sentado em um sofá em casa sem fazer nada. Em um momento como esse, é muito comum que tenhamos alguns pensamentos do tipo: "você não deveria estar descansando", "você não é bom o suficiente" ou "é melhor nem tentar fazer tal projeto". Raramente pensamentos como esses irão surgir de maneira espontânea em nossa cabeça: "você é suficiente", ou "vai dar tudo certo nesse projeto". Embora fosse maravilhoso, essa experiência é improvável.

Nossa mente foi programada para nos proteger de riscos e evitar situações que envolvam o desconforto. Assim, sempre que pensamos em fazer algo novo ou complexo, o primeiro reflexo que a nossa mente tem é o de "proteção". Se antes de iniciar algo, pensarmos que não seremos nem capazes de começar, estaremos de certa forma "seguros".

Nesse sentido, ao evitar iniciar novos projetos, relacionamentos, emprego ou um novo hobby, por exemplo, estamos, de certa forma, evitando frustrações potenciais. Ao negarmos a oportunidade de conhecermos um novo "amor", evitamos a possibilidade de termos nossos corações partidos.

Por isso, é importante que nós não acreditemos em absolutamente todos os pensamentos que circulam na nossa cabeça. Quando não temos um filtro e nos grudamos em cada pensamento que nossa mente nos conta, assumindo-os automaticamente para a nossa identidade, chamamos esse processo de inflexibilidade de **fusão**.

Diante de um incessante fluxo de pensamentos que existe em nossa mente, é crucial aprender a distanciar-se deles para não sermos dominados. E como fazer isso? Os seres humanos têm a habilidade de pensar sobre seus próprios pensamentos – essa capacidade se chama *metacognição*. Com prática, podemos criar uma separação entre um pensamento e sua interpretação como uma verdade absoluta. Em vez de nos distrairmos para evitar pensamentos aversivos, podemos escolher responder a esses pensamentos sem nos prendermos a eles, e isso se chama **desfusão**.

Os rótulos nos limitam

Ao longo de nossa jornada, construímos uma visão sobre nós mesmos (***self***), a partir de um conjunto de características que podem ser percebidas como positivas ou negativas. Essa percepção muitas vezes é moldada por nossas experiências de vida, afirmações de familiares, experiências de bullying na escola ou até mesmo crenças que internalizamos sobre nossa própria identidade.

Durante a minha adolescência, tive dificuldade em tirar boas notas em algumas matérias e, apesar de obter excelentes notas na faculdade de Psicologia, carregava um rótulo naquela época: "não sou inteligente". Esse rótulo persistiu, mesmo quando não fazia mais sentido. O que quero destacar é que, frequentemente, ficamos presos a rótulos sobre nós mesmos, e, mesmo quando o contexto que deu origem a esses rótulos não existe mais, continuamos carregando algumas crenças limitantes. Esse enraizamento nos impede de reconhecer a verdade mais fundamental: somos seres que mudam o tempo todo. Ou melhor: nós não somos, estamos.

A identificação excessiva com nossos pensamentos pode ocorrer não apenas com características consideradas negativas, como "não sou inteligente", mas também com atributos positivos, como "sou gentil". Uma pessoa que se gruda a essa característica pode ter dificuldades em dizer não ou a estabelecer limites saudáveis. A flexibilidade de decidir quando ser ou não gentil nos permite um comportamento com uma variabilidade saudável.

Pela ACT, existem três abordagens para lidar com esses rótulos e narrativas que criamos em nossa mente ou que são colocadas em nós ao longo da vida:

- Eu-como-conteúdo: "Eu sou uma fracassada." (*self* conceitualizado).
- Eu-como-processo: "Eu estou tendo um pensamento de que sou fracassada." (*self* como processo).
- Eu-como-contexto: "Eu observo que estou tendo um pensamento de que sou fracassada." (*self* como contexto).

Observe como esse distanciamento gera diferentes perspectivas. A primeira se fusiona com o rótulo como uma verdade absoluta e é um modo rígido e inflexível. O self como processo é um caminho de passagem, onde é possível conhecer e perceber o pensamento. Já o self como contexto é um "eu observador" que reconhece o contexto no qual um pensamento ocorre e, portanto, é mais fluido e pode variar. Libertar-nos desses rótulos nos proporciona mais espaço para a liberdade, permitindo sermos mais autênticos e livres de rótulos que nos aprisionam.

O agora é tudo que temos

O passado já se foi e o futuro ainda não está aqui. A possibilidade de aplicar os três pontos mencionados anteriormente está interligada com a nossa capacidade de direcionar nossa atenção de maneira intencional, flexível e concentrada no momento presente. Ter uma atenção flexível não significa apenas estar "no presente" o tempo todo, mas sim escolher conscientemente quando isso for a opção mais benéfica. Isso inclui pensar no futuro quando o planejamento é funcional e refletir sobre o passado quando a recordação é a escolha mais apropriada. Em outras palavras, trata-se de reconhecer qual opção é mais efetiva dentro do contexto.

A mente opera em dois estados distintos: o primeiro é o modo de resolução de problemas, conhecido como o *piloto automático*. Esse modo é vital para otimizar o uso de energia, semelhante a quando dirigimos automaticamente após adquirir certa habilidade. Contudo, o problema surge quando realizamos todas as atividades do dia nesse modo com uma atenção inflexível, como comer, trabalhar ou dirigir. Embora economize energia, essa abordagem pode nos desconectar da própria vida, quando estamos presentes fisicamente, mas ausentes mentalmente.

Por outro lado, existe também o modo "pôr do sol", que representa um estado contemplativo que nos conecta profundamente com a vida. Quando você se depara com um pôr do sol, o que faz? Você para, observa, respira e contempla a grandeza da existência. Esse modo opera em um ritmo mais lento, permitindo-nos perceber aspectos que, na correria diária, passam despercebidos, especialmente em relação aos nossos pensamentos, sentimentos e emoções. Uma maneira de cultivar essa habilidade é por meio de práticas de atenção plena.

O que lhe dá brilho nos olhos?

Pense por um instante em coisas que fazem você se sentir vivo. Podem ser coisas, pessoas, lugares. Experimente nomeá-los, escreva em um papel e guarde-os consigo.

O que nos aproxima de uma vida que vale a pena ser bem vivida é estar conectado aos nossos **valores**. Ter clareza do que é importante para nós é como uma bússola que nos direciona para quais caminhos seguir. Mas o que são valores? São qualidades de uma ação, que no momento que é realizada, traz vitalidade, conexão com o momento presente e brilho nos olhos. É como se disséssemos a nós mesmos: "É para isso que estou vivo!"

Valores são diferentes de objetivos. Por exemplo, imagine alguém que ama fazer trilhas. O objetivo pode ser alcançar o ponto mais alto, mas o valor reside no processo: na aventura, no contato com a natureza e na diversão (qualidades da ação). Se essa pessoa optar por chegar de helicóptero ao ponto mais alto, o objetivo será alcançado, mas o valor não será contemplado. Valores são como trilhas que nos guiam até nossos objetivos.

A falta de clareza em relação aos seus valores pode levá-lo a desistir diante da primeira barreira ou desconforto interno. Viktor Frankl expressou sabiamente: "Se você tem um porquê, enfrenta qualquer como." Nossos valores representam esse "porquê".

À medida que algo é importante para você, é proporcionalmente desafiador ou pode gerar sofrimento. Amar profundamente alguém, por exemplo, implica o risco de sofrer com a perda. Se optarmos por evitar a dor da perda, a solução seria simplesmente não amar ninguém. No entanto, essa escolha nos anestesia, deixando-nos indiferentes a tudo e a todos. É por isso que a disposição e a abertura diante das emoções são tão cruciais; se não tolerarmos a dor, estamos, de certa forma, deixando a vida escapar por entre os dedos.

Agora, retome o que escreveu e encontre as qualidades da ação. Essas são algumas das suas expressões de valores.

Tenha ações com base em seus valores

Uma vez que sabemos o que é importante para nós, podemos ter ações comprometidas baseadas em nossos valores. Isso não significa que se tornará mais fácil criar um novo hábito, mas que terá mais motivos para agir de maneira coerente e não de maneira impulsiva.

Certamente, você já iniciou um hábito, como frequentar a academia e alguns dias depois não ir mais. Isso acontece quando não temos clareza de por que estamos fazendo algo ou pelo fato de a atividade ser desconfortável. Agir de acordo com os seus valores é olhar a longo prazo: isso me aproxima ou me afasta da vida que eu quero ter?

Mas para alcançar objetivos a longo prazo, é importante criar objetivos a curto prazo. Tendo em vista os valores que você anotou, crie um plano que poderá te ajudar a se aproximar dessas ações. Essas perguntas podem ajudar:

Seu objetivo te leva em direção ao valor escolhido? De que forma? Ele é atingível levando em consideração seu contexto atual? Qual mudança precisa acontecer para que o realize? Qual prazo?

Por fim, a FP nos conecta e abre possibilidades para uma vida com mais inteligência emocional. Cultivá-la é ter a certeza de que está no caminho para uma vida com mais leveza e significado.

Diante dos seis processos trabalhados, faça uma autoavaliação se nota que está mais próximo do ponto de flexibilidade ou inflexibilidade em cada um deles. A FP não é um lugar a ser alcançado, mas um caminho a ser explorado. A compreensão e a aplicação desses conceitos oferecem uma perspectiva valiosa para enfrentar os desafios da vida e promover o bem-estar psicológico.

Que você possa dar passos e fazer escolhas que te aproximem do que realmente importa, mesmo quando isso parecer desconfortável!

Caso você queria mergulhar mais no modelo de flexibilidade psicológica, deixei um compilado de informações sobre a ACT, acesse nesse QR code:

Referências

HAYES, S. C.; SMITH, S. *Saia da sua mente e entre na sua vida.* Novo Hamburgo: Sinopsys Editora, 2022. p. 203-208.

HAYES, S. C.; STROSAHL, K. D.; WILSON, K. G. *Terapia de aceitação e compromisso: o processo e a prática da mudança consciente.* 2. ed. São Paulo: Artmed, 2021. p. 164-165

KASHDAN, T. B.; ROTTENBERG, J. Psychological flexibility as a fundamental aspect of health. *Clinical Psychology Review,* 2010. 30(4), 860-880. https://doi.org/10.1016/j.cpr.2010.03.001

LUOMA, J. B.; HAYES, S. C.; WALSER, R. D. *Aprendendo ACT: manual de habilidades da terapia de aceitação e compromisso para terapeutas.* 2. ed. Novo Hamburgo: Sinopsys Editora, 2022.

SABAN, M. T.; HAYES, S. C.; PISTORELLO, J. *Introdução à terapia de aceitação e compromisso.* 2. ed. Belo Horizonte: Artesã, 2015. p. 84-88.

18

OS 12 ARQUÉTIPOS DA INTELIGÊNCIA EMOCIONAL NA DESCONSTRUÇÃO DAS RELAÇÕES TÓXICAS

A intencionalidade da minha escrita parte da perspectiva de quem observa o mundo e suas relações e reconhece, na competência da inteligência emocional, a potência transformadora das "ressignificações" de conflito, viabilizando relações mais humanizadas e saudáveis. Nesse contexto, compilei 12 aspectos, que atribuo como arquétipos, que podem ser considerados no enfrentamento à ambiência tóxica.

LILIAN GUEDES

Lilian Guedes

Escritora e ilustradora de livros com ênfase nos ODS (ODS-Objetivo de Desenvolvimento Sustentável, referência ONU): *Autismo-integração e diversidade,* abordo um viés inclusivo e agregador para além das aparências dos sujeitos; *Disciplina e afeto,* base no treinamento parental e na neurociência, no educar filhos(as) para um mundo repleto de adversidades; *Impulsionadores de carreira,* ESG – *Environmental, social and corporate governance,* direcionado a empresas, bem como preparar profissionais para o mercado de forma qualificada e responsiva; *O poder da inteligência emocional,* possibilitando à você, leitor(a), ferramentas para assegurar relações e vínculos saudáveis, seja no âmbito pessoal ou profissional, com embasamento nos arquétipos.

Neuropsicopedagoga, professora de Arte da RMSP (RMSP-Rede Municipal de São Paulo), graduada pela UNESP, contando com as graduações em Artes Visuais, Geografia e Letras - Português/Inglês. Pós-graduação em Neuropsicopedagogia, Arteterapia, Terapia Cognitivo-comportamental, Avaliações Psicológicas e Psicopedagógicas, Gestão Escolar, Alfabetização e Letramento dentre outras. Pós-graduação *stricto sensu* em Educação e Saúde na Adolescência pela UNIFESP (s/ titulação), dentre outras formações.

Contatos
https://orcid.org/0000-0001-5671-4895 ORCID
Lilianguedes@sme.prefeitura.sp.gov.br
Facebook: lilian.guedes.33
X: @guedescritora
Instagram: @conecte.se_pelo_afeto / @lilian_guedescritora / @liliang_neuropsicopedagoga
LinkedIn: Lilian Guedes

Dedico essa leitura às minhas filhas Naily e Maythê Guedes Rufini, e, primordialmente, às mulheres que podem se deparar com relacionamentos abusivos no campo afetivo ou na esfera profissional, onde a inteligência emocional será de extrema valia para resoluções satisfatórias e com resultados promissores.

"*Quanto mais nos elevamos, menores parecemos aos olhos daqueles que não sabem voar.*"
Friedrich Nietzsche

Poder dos arquétipos

Importante destacar que os arquétipos aqui apresentados representam diferentes aspectos das dimensões da inteligência emocional com suas respectivas competências na habilidade do entendimento e gerenciamento das emoções e na premissa das interações sociais, com ganhos qualitativos para sua vida pessoal ou profissional.

Outro fator inegável sobre o uso das imagens é que elas mobilizam os mecanismos cerebrais como afirma CHOPYAK (2015), "Estudos científicos demonstram que observar figuras, desenhos e gráficos é algo que emprega os dois lados do cérebro – escancarando a imaginação humana e abrindo sistemas de negócios a novas possibilidades que, de outro modo, poderiam passar despercebidas".

O convite está aberto para Você, que iniciou essa leitura.

Apreciem as imagens e reflitam sobre a intencionalidade de cada uma para a construção da possível diversificação do seu padrão mental.

Autoconsciência

A capacidade de reconhecer e entender as próprias emoções, motivadores e valores, onde você tem a capacidade de se autoavaliar e gerir suas ações.

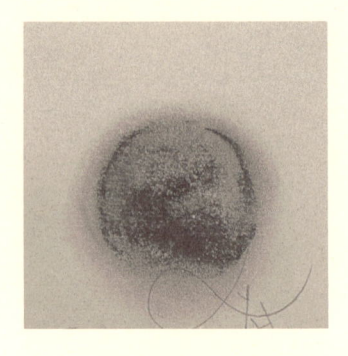

Autorregulação

A habilidade de gerenciar e controlar as próprias emoções, evitando respostas impulsivas e agindo de maneira equilibrada.

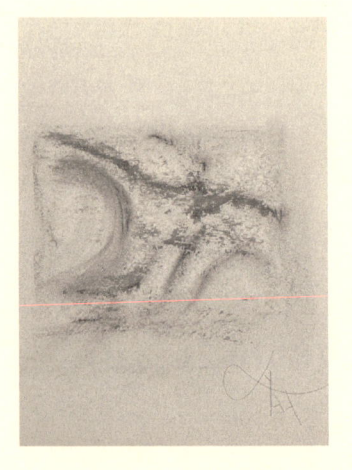

Empatia

A capacidade de compreender e se conectar emocionalmente com as experiências e sentimentos dos outros.

Habilidades sociais

A competência nas interações sociais, incluindo comunicação eficaz, resolução de conflitos e construção de relacionamentos saudáveis.

Motivação

A capacidade de direcionar as emoções para atingir objetivos e manter o impulso em direção ao sucesso.

Habilidade para lidar com o estresse

A capacidade de lidar eficazmente com situações estressantes e manter a calma sob pressão.

Otimismo

Manter uma perspectiva positiva mesmo diante de desafios, buscando oportunidades de aprendizado e crescimento.

Autoestima

Ter uma avaliação saudável de si mesmo, reconhecendo as próprias qualidades e sendo resiliente diante de críticas.

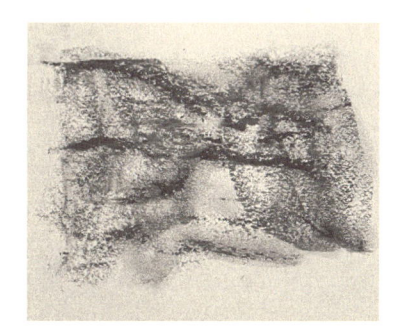

Adaptabilidade

A capacidade de se adaptar a mudanças e aceitar as inevitabilidades da vida de maneira flexível.

Autocontrole emocional

Manter o controle sobre as próprias emoções, evitando explosões emocionais e agindo de maneira ponderada

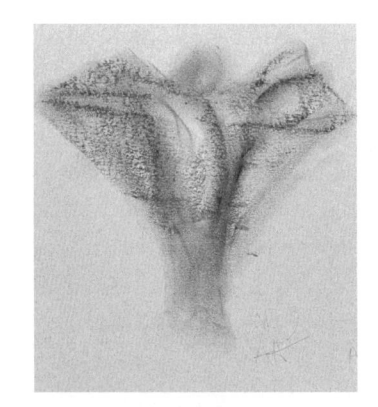

Comunicação eficaz:

Expressar ideias e sentimentos de maneira clara e respeitosa, facilitando a compreensão mútua nas interações.

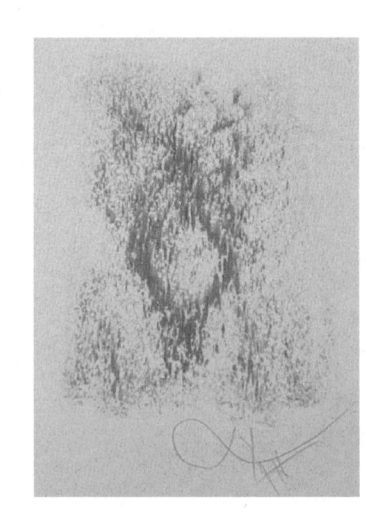

Resiliência

A capacidade de se recuperar rapidamente de adversidades e persistir diante de desafios.

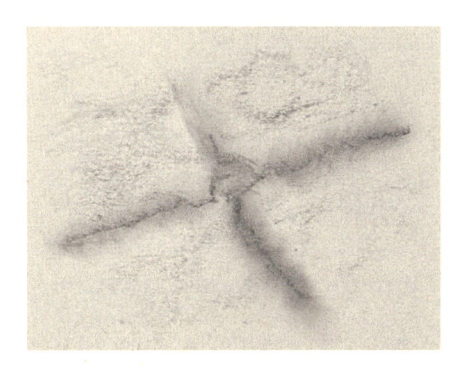

Reversamente, apresento ferramentas que possam identificar características e estratégias que sugerem combater a ambiência tóxica. Esses aspectos refletem a aplicação prática da inteligência emocional na desconstrução de relações tóxicas, promovendo a autorreflexão, a comunicação eficaz e a construção de um ambiente emocionalmente mais saudável. Cada pessoa e situação são únicas, e a abordagem para desconstruir relações tóxicas são condicionantes a diversas variantes, por isso o compromisso e a rotina com o seu "revisitar ações" é uma atitude fundamental no processo.

Autoconsciência empoderadora:

Reconhecer suas próprias emoções em um ambiente tóxico, compreendendo como elas são afetadas pela situação, e empoderar-se para tomar decisões conscientes, sendo uma autoconsciência transformadora.

Autocontrole resiliente:

Desenvolver a habilidade de controlar reações emocionais, resistir à provocação e manter a calma diante de desafios, contribuindo para a resiliência, sendo uma autorregulação construtiva na medida que conseguir agir de forma ponderada e construtiva.

Empatia como ferramenta transformadora:

Utilizar a empatia para compreender as emoções dos outros, mesmo em ambientes tóxicos, transformando a dinâmica através da comunicação mais compreensiva, sendo um facilitador na comunicação e na resolução de conflitos.

Limites saudáveis:

Estabelecer e manter limites claros em relação ao comportamento tóxico, protegendo-se e promovendo um ambiente mais saudável, impor limites assertivos é a garantia de se proteger emocionalmente e criar uma base mais saudável para a relação.

Comunicação clara e assertiva:

Expressar sentimentos e pensamentos de maneira clara e assertiva, promovendo uma comunicação aberta e eficaz é assegurar uma comunicação construtiva

Gestão da ansiedade e estresse:

Desenvolver técnicas para gerenciar a ansiedade e o estresse associados à relação tóxica, promovendo a resiliência emocional.

Colaboração estratégica:

Buscar alianças e colaborações estratégicas com colegas que compartilham da mesma preocupação com o ambiente tóxico, fortalecendo a capacidade de enfrentamento.

Foco em soluções positivas:

Concentrar-se em encontrar soluções construtivas para os desafios em vez de se concentrar apenas nos problemas, promovendo uma abordagem mais positiva, gerando a resolução de conflitos harmoniosa:
Abordar conflitos com razoabilidade, pontuando estratégias com soluções positivas a fim de superar os desafios apresentados.

Desapego emocional saudável:

Desenvolver a capacidade de se distanciar emocionalmente da toxicidade, mantendo uma perspectiva objetiva sem se deixar envolver emocionalmente, aprimorando as habilidades sociais para lidar de maneira assertiva com situações difíceis e promover um ambiente mais saudável.

Conscientização dos padrões tóxicos:

Identificar padrões comportamentais tóxicos no ambiente e conscientizar-se de como eles impactam o bem-estar emocional, possibilitando respostas diretivas, eliminando qualificações ou juízos de valores para que melhor reconheça os padrões destrutivos na relação pessoal e profissional.

Cuidado pessoal prioritário:

Priorizar o autocuidado, incluindo práticas que fortalecem a saúde mental, física e emocional para enfrentar o estresse do ambiente tóxico. Colocar o autocuidado em primeiro plano, incluindo práticas que fortaleçam a saúde mental, física e emocional durante a desconstrução da relação tóxica.

Desenvolvimento de resiliência emocional:

Cultivar a resiliência emocional para enfrentar os desafios da desconstrução de relações tóxicas e avançar para um ambiente mais saudável, oportunizando a resolução de conflitos construtiva, procurando soluções e compromissos em vez de contribuir para a escalada da hostilidade.

Advocacia por mudanças positivas:

Defender e promover mudanças positivas no ambiente, seja promovendo práticas mais saudáveis, estabelecendo políticas antitóxicas ou buscando apoio externo quando necessário. Engajar-se ativamente na dinâmica da relação com o outro, seja por meio de diálogo, aconselhamento ou outras intervenções.

Esses aspectos refletem estratégias e competências da inteligência emocional que podem ser úteis para enfrentar ambientes tóxicos, relacionamentos abusivos, constituindo nas pessoas potencialidades para lidar com desafios emocionais e promover mudanças positivas nas relações e no ambiente de trabalho.

Daniel Goleman, amante dos estudos sobre o cérebro, traz em sua teoria as cinco habilidades-chave da inteligência emocional: autoconhecimento, autocontrole, empatia, motivação e relações interpessoais, evidenciando que, quando desenvolvidas, elas estabelecem nosso êxito nos relacionamentos e na vida profissional.

Com base nessa teoria e na utilização dos arquétipos, realizei as pranchas mentais (imagens), utilizando a técnica do giz oleoso sobre o canson, projetando manchas direcionadas às múltiplas interpretações, explorando a psique humana. Ratificando o que a ciência comprova, sendo o uso das imagens a conexão das impressões digitais da nossa alma, como padrões universais que se manifestam em histórias, sonhos e até mesmo em nossas ações diárias, que servem de elementos para impulsionarmos nossa IE.[1]

Nesses arquétipos, assim como no processo arteterapêutico, a leitura se dá pela imagem, essas artes retratam uma perspectiva construtora, e à medida que avaliar o seu dia a dia e mentalizar as imagens, poderão auxiliar no seu desenvolvimento pessoal e no aprimoramento da inteligência emocional. Vale ressaltar que parte desse processo se deve exclusivamente à sua mudança de atitude.

Mudar de atitude é algo fácil? Claro que não, pois nós nos autosabotamos o tempo todo. Estruturalmente, utilizaremos o mecanismo apresentado abaixo e espero que você aceite essa imersão. Vamos lá?

- Na sua rotina diária, é imprescindível auto avaliar seu processo mental, observando as pranchas e exercitando sua mente para um olhar investigativo sobre o que verdadeiramente lhe desestabiliza na rotina e conduzindo à melhor forma de lidar com os desajustes.
- Permita-se ficar sozinha e refletir por 60 minutos sobre os acontecimentos marcantes da sua semana.
- Você pode usar papel e caneta e registrar tudo o que lembra do seu cotidiano, esse movimento da escrita irá lhe beneficiar neurologicamente, pelo simples fato de registrar seus momentos. Se não conseguir escrever, grave áudios para você mesma, depois ouça o que gravou!
- Lembre-se de que ninguém lerá ou ouvirá seus apontamentos, por isso não se preocupe com nada, apenas externalize, é algo exclusivamente seu.
- Outro processo que irá auxiliar é tentar meditar sobre as imagens, e o que elas dizem para você. Registre tais impressões sobre o arquétipo em um caderno destinado para esse fim.
- A potencialização do arquétipo/competência da inteligência emocional que você mais utilizou e qual arquétipo menos ressoou nas suas ações, será o caminho do aperfeiçoamento para desenvolver sua inteligência emocional. Importante entender que a recorrência para um arquétipo, é sua vulnerabilidade momentânea. Requer sua atenção para melhor aprimorar sua estratégia nas relações com as outras pessoas..
- Conclua sua mentalização, parabenizando suas conquistas e suas competências positivas. Orgulhe-se dos seus avanços! Foco nos seus melhores processos!

Importante reforçar que a inteligência emocional não é algo que se adquire nos shoppings e nem em prateleiras dos mercados. Não é algo que se pode

---

1 IE-Inteligência emocional.

encomendar do exterior, trata-se da pauta do "olhar para dentro", rever como você age e reage diante das situações que a vida lhe apresenta e buscar nos arquétipos ressignificações para sua mudança.

No mundo corporativo, como as empresas, escolas, ONGs, hospitais, e demais dimensões do terceiro setor, investir numa cultura de aprendizagem é reconhecer o impacto da formação em sua continuidade no âmbito da vida pessoal e profissional.

Profissionais qualificados e com gerenciamento das suas próprias emoções ampliam, via de regra, a produtividade e o enfrentamento aos novos desafios.

Atualmente, as *soft skills* (habilidades interpessoais) estão visceralmente conectadas à inteligência emocional (IE), a ponto dos dois conceitos serem comumente confundidos. Vale destacar que, enfatizamos que a IE é uma subcategoria das habilidades interpessoais e abrange aspectos específicos relacionados ao reconhecimento e gerenciamento das emoções, tanto em si mesmo quanto nos outros.

Validando a relevância da IE no mundo empresarial, merece destacarmos um estudo feito pelo *PageGroup*, revelando que a inteligência emocional é a *soft skill* mais buscada pelos recrutadores no pós-pandemia. Ela fica em primeiro lugar com 42,9%, seguida pelo trabalho em equipe (38,4%) e a comunicação assertiva (31,1%).

Seja um empreendedor de sucesso e fomente o lifelong learning (educação continuada) aos seus colaboradores, pois a continuidade dos estudos permite avanços para o sujeito e, em proporções exponenciais, amplia o repertório, proporcionando um profissional qualificado(a). O grande mote dessa situação é que deve partir do indivíduo, no movimento do desejo da mudança, partindo sempre do pressuposto do individual para o coletivo, de que quando mudo internamente, o mundo muda externamente.

Se chegou até o fim deste capítulo, o convite foi formalizado, e o principal convidado é Você!

Sejamos emocionalmente felizes!

Aguardo pelo seu sucesso!

Referências

ANTUNES, L. (coord.). *Soft skills: competências essenciais para os novos tempos*. São Paulo: Literare Books International, 2020.

BELLO, S. *Pintando sua alma: método de desenvolvimento da personalidade criativa*. Brasília: Editora da Universidade de Brasília. 1998.

CHOPYAK, C. *Desenhe sua estratégia de negócios: transforme decisões com o poder dos elementos visuais*. Tradução de Sieben Gruppe. São Paulo: DVS Editora, 2015.

GOLEMAN, D. *Inteligência emocional: a teoria revolucionária que redefine o que é ser inteligente*. 2. ed. Rio de Janeiro: Objetiva, 2012, 383 p.

GOLINELLI, R. Arte terapia: um caminho para a expressão dos sentimentos. *Imagens da Transformação*, 9 (9), 199-205, 2002.

JUNG, C.G. *O Homem e seus símbolos* (M.L. pinho, Trad.). Rio de Janeiro: Nova Fronteira, 1977.

KANDEL, E. R.; SCHWARTS, J. H.; JESSEL, T. M. *Fundamentos da neurociência e do comportamento*. Rio de Janeiro: Prentice-Hall do Brasil, 1997.

OSTROWER, F. *Criatividade e processos de criação*. Petrópolis, RJ: Vozes, 1987.

PHILIPPINI, A. Universo Junguiano e Arteterapia. *Imagens da transformação*, 2 (2), 04-11, 1995.

SCHLOCHAUER, C. *Lifelong learners – o poder do aprendizado contínuo: aprenda a aprender e mantenha-se relevante em um mundo repleto de mudanças*. Caieiras, SP: Gente, 2021.

SILVEIRA, N. da. *O mundo das imagens*. São Paulo: Ática, 1992.

STEIN, M. *Jung: o mapa da alma* (5a ed.). (A. Cabral, Trad.). São Paulo: Cultrix, 2006.

19

ADVOCACIA HUMANIZADA COM A INTELIGÊNCIA EMOCIONAL

A inteligência emocional é uma importante ferramenta para os operadores do Direito, especialmente na área da advocacia, pois mostra-se como sendo uma competência necessária, tanto que merecia ser introduzida na graduação, não obstante o aprofundamento contínuo do tema e de sua prática ao longo do exercício profissional. O tema é envolvente, ponto de partida para um despertar necessário, para que se concretize teoria e prática da inteligência emocional no âmbito judicial e extrajudicial, debate importante para pacificação social, maior missão do Direito.

LUCIANA COSTA

Luciana Costa

Advogada há 26 anos, graduação pela UNP (1997), especialista em Direito Público pela UNP e no Curso de Preparação à Carreira do Ministério Público – CEAF/MPRN. Atuação em direito público, civil, médico-consumidor, extrajudicial, administrativo-disciplinar. Experiência no magistério, coordenação jurídica em concursos, cursos, congressos – FESMP/RN. Advogada, há 15 anos, da Associação do Ministério Público do Estado do Rio Grande do Norte – AMPERN. Atuação no Conselho Nacional – CNMP, Conselho de Ética da OAB, Tribunais Superiores (STJ-STF). Escritora, desde os 14 anos, nos gêneros crônicas, contos e poesias. Pintora autodidata. Estudante de música (violão). Apaixonada por dança e arte.

Contatos
luoliveiracosta@yahoo.com.br
Instagram: @luciana_costa_advogada
LinkedIn: https://www.linkedin.com/in/Luciana-costa-9738401b

> *"Não tento dançar melhor do que ninguém.
> Só tento dançar melhor do que eu mesmo".*
> Mikhail Baryshnikov

A inteligência emocional é um tema importante para todas as searas de conhecimento, contudo, não se pode deixar de observar que na advocacia é uma habilidade muito importante, englobando os cinco elementos descritos por Daniel Goleman (1995): autoconsciência, autocontrole, motivação, habilidades sociais e empatia.

A advocacia envolve uma série de desafios com o cliente, o gerenciamento de muitas emoções, desde o momento de acolhimento, com a escutatória e a identificação do problema, o gerenciamento e o estudo das possíveis soluções, envolvendo o enfrentamento da crise e da dor.

Como já disse em ensaios anteriores, o processo não é um fim em si mesmo, não é apenas um instrumento técnico: *processos são vidas, são pessoas feridas, são relações humanas em desequilíbrio, que estão sendo discutidas na Justiça, que é o mecanismo estatal disponível para a mediação dos conflitos.*

Nesse cenário a inteligência emocional é uma ferramenta indispensável para o desenvolvimento de uma advocacia humanizada.

É preciso lembrar a missão do advogado, estabelecida no artigo 133 da Constituição Federal: "O advogado é indispensável à administração da justiça, sendo inviolável por seus atos e manifestações no exercício da profissão, nos limites da lei".

Há de se pontuar que essa outorga tem o desiderato de dotar o advogado de imunidade para defender o cliente com altivez, com segurança jurídica, com a pujança necessária para o pleno exercício do contraditório e da ampla defesa.

O advogado é escolhido por um vínculo de confiança técnica, por uma conexão que é estabelecida, mesmo que se inicie com uma indicação, a relação não se desenvolverá se não prosperar o relacionamento firmado, os *feedbacks*, como receber as dúvidas e esclarecer os inúmeros questionamentos apresentados ao longo da tramitação do feito. Há de se registrar que os processos no Brasil geralmente têm uma cronologia bastante demorada, exigindo um tempo considerável de relacionamento entre o advogado e o cliente, *o que ensejará a necessidade de se estabelecer um bom nível de compreensão e diálogo*.

Não se pode ignorar, portanto, que o advogado lida com um grau de estresse enorme, principalmente considerando que jamais pode garantir ao cliente o resultado em uma demanda. No máximo, pode indicar um bom direito, uma boa tese, empenho e muito estudo.

Ao lado dessa realidade, o cliente ainda convive com seu conflito, com as expectativas em relação ao resultado, o cenário de um eventual insucesso, sendo que todas essas questões são entregues ao gerenciamento do advogado, quando recebe a defesa de uma causa, o que decerto vai exigir o aprimoramento de suas *soft skills*.

Com essa abordagem inicial é fácil perceber o quão importante é a temática da inteligência emocional na advocacia, considerando a mais-valia quanto ao gerenciamento das emoções com o cliente, porque não se trata de trabalhar apenas no funcionamento do sistema jurídico, mas sobretudo com as pessoas que dependem do sistema e irão receber o resultado de suas demandas.

Sobre o tema, é de bom alvitre retomarmos o debate sobre os cinco elementos descritos: autoconsciência, autocontrole, motivação, habilidades sociais e empatia, como ferramentas de suporte para uma advocacia mais humanizada, em breve síntese:

- **Autoconsciência**: é importante conhecer as próprias emoções para gerenciá-las, lidar com seus pontos fortes e fracos, com o desiderato de crescer e melhor identificar os interesses do cliente, para oferecer um serviço de qualidade.
- **Autocontrole**: é a capacidade de gerir os sentimentos, administrar as expectativas do outro, compreender, com o fim de obter a entrega ensejada, mesmo lidando com pessoas difíceis, adquirindo uma desenvoltura emocional para superar as dificuldades no trato pessoal e na gestão de crises.
- **Motivação**: capacidade de permanecer intrinsecamente focado na tese, no que acredita, não obstante as dificuldades do processo, entregando o seu melhor, independente da impossibilidade de garantia do resultado.
- **Habilidade sociais**: a captação e fidelização de clientela depende do desenvolvimento de habilidade social, pois a comunicação é uma ferramenta indispensável para estabelecer conexões com os clientes, de maneira natural e purista. O advogado precisa estabelecer um diálogo de confiança e de propriedade técnica, além do compromisso com a demanda.

- **Empatia**: uma das mais importantes, é a capacidade de se colocar no lugar do outro, com esse ângulo é possível fazer uma análise crítica mais sensível, mais saudável, mais engajada, com o propósito de obter o que gostaria para si, o que pode se transformar em eficiência e trazer resultados transformadores.

Embora apresentados de maneira muito abreviada, a intenção é despertar o interesse pelo tema, a consciência sobre a dinâmica da inteligência emocional no exercício da advocacia, desde o primeiro atendimento, seja por telefone, por videoconferência ou presencial.

> Precisamos fomentar uma relação de qualidade emocional porque as ferramentas de inteligência artificial podem ser importantes, assim como a robótica, o processo judicial eletrônico, mas nada substitui as relações humanas, os sentimentos, o acolhimento que esperamos obter nas relações, inclusive entre cliente e advogado.

É necessário entender a sociedade atual e a importância da humildade, como adverte Gerald C. Kane[1] no que se refere à questão da inteligência emocional e a transformação digital "a tecnologia continuará mudando com mais rapidez do que as pessoas, que, por sua vez, continuarão se adaptando a essa mudança com mais rapidez do que as organizações".

Nesse contexto, precisamos entender que, não obstante, o sistema judiciário tenha migrado para o PJE (Processo Judicial Eletrônico), que as audiências possam ainda acontecer em plataformas digitais (Teams, Google Meet, entre outros), o advogado deve se manter como um humanista por excelência, ver diferente, pensar diferente, fazer diferente e ser diferente!

Ainda acredito que não somos autômatos, que somos humanos, que precisamos de acolhimento, de palavras, de conforto, de escutatória, de habilidade e sensibilidade para gerir crises, mediar conflitos, gerar conexão com clientes, *baseado na gestão da inteligência emocional, por meio da ferramenta da comunicação de qualidade.* Interagir com o cliente, discutir os pontos principais da tese, mostrar os riscos, exige o exercício da inteligência emocional e da maturidade profissional de mostrar ao outro os pontos da tese, sem deixar de apresentar as possibilidades de êxito e os pontos frágeis.

Desenvolver inteligência emocional exige uma visão transformadora e orientação para o futuro, com estabelecimento de relacionamentos mais sinceros e honestos, com senso de propósito, inspirado em uma "liderança

---

1 Tecnologia não é tudo: entenda porque as pessoas são a verdadeira chave para transformação digital do seu negócio/ Gerald C. Kane ...(et all); tradução de Cristina Yamagami – São Paulo: Benvirá, 2020. 328 p.

aumentada", gerando um grande efeito renovador nas relações, inclusive entre advogado e cliente.

Podemos pensar em um processo de "disrupção emocional" compreendido como uma ruptura ou interrupção brusca, pretendendo romper com os padrões comportamentais, que assim nessa perspectiva pode conviver com a "disrupção digital", ou seja, em outras palavras, vamos enfrentar o antigo embate entre "razão e emoção", que podem conviver de modo harmônico, em equilíbrio, por meio de ferramentas e habilidades relacionadas à inteligência emocional.

> Vale refletir as ponderações de Tom Friedman segundo o qual: "[...] passamos muitos séculos trabalhando com as mãos; em seguida, trabalhamos com a cabeça; e agora teremos de trabalhar com o coração, porque há uma coisa que as máquinas não podem ter, não têm e nunca terão um coração. Penso que avançaremos das mãos, à cabeça e ao coração" (KANE, 2020).

Nessa perspectiva, precisamos cultivar um ambiente digital, contudo, sem descurar da inteligência emocional necessária nas relações humanas, notadamente na advocacia, como já destacado. Com efeito as organizações precisam se adaptar às mudanças do processo eletrônico, ao mundo digital, nem por isso podem robotizar as relações humanas.

A transparência e a permanência na filosofia da inteligência emocional certamente será um diferencial valioso nas relações profissionais, aumentando a maturidade e a densidade dos relacionamentos entre os clientes.

Na minha vivência profissional, o exercício de inteligência emocional consiste inicialmente na escutatória, no receber o outro de maneira diferenciada. Devemos lembrar que na maioria das vezes as pessoas já vêm com um problema importante para ser resolvido. Assim, por mais difícil que seja a situação jurídica, o ser humano merece ser bem acolhido e aí reside o primeiro pilar da prática da inteligência emocional.

> No primeiro momento, é preciso acalmar a dor do outro, estabelecer os elos de reciprocidade e confiança técnica, é preciso exercer a empatia com cuidado.

Quando você consegue acalmar a dor do outro, muitas vezes a situação apresenta outras possibilidades, os canais de negociação podem se abrir e um grande problema pode se transformar em uma mediação justa, com o uso da inteligência emocional aplicada.

Então, não se pode ter nenhuma dúvida de que a inteligência emocional é mais do que necessária na vida da advocacia e dos demais operadores do Direito. Segundo as ponderações de Magalhães (2002):

> De um modo geral, a inteligência emocional permite que o advogado consiga obter foco e motivação. Já a criatividade, por ser um atributo exclusivamente humano, garante que o profissional jamais seja ultrapassado por uma inteligência artificial.

Gosto de dizer essa frase sempre, em tom de brincadeira: – definitivamente não sou um robô! E nem quero ser! Acho que a inteligência artificial pode ser uma ferramenta bastante válida, mas jamais irá substituir a inteligência emocional, na minha ótica, muito mais significativa nas relações humanas e mais eficaz em muitos aspectos.

Aliás, não se pode comparar uma máquina com uma pessoa, não é justo, não é razoável, não é pertinente, em nenhuma circunstância.

Como bem disse Lya Luft (2014) em sua obra *Nada é banal*, "o tempo transforma, a memória preserva e a morte ao fim absorve" (ou devo escrever "absolve"?) e apenas os humanos experienciam esse rio, em que tudo muda a cada instante, exigindo uma permanente inteligência cognitiva e emocional para enfrentar as águas mansas e as revoltas.

Com efeito, apenas nós humanos passamos por aflições, alegrias, fracassos, rotinas, delírios, dores, amores, frustrações, perdas, coisas e pessoas que o tempo leva e não devolve, o que exige de nós as nossas habilidades, a nossa inteligência emocional para sair da dor, da insegurança, sair da raiva, do medo...

Às vezes, mesmo sem entender direito certas situações, os porquês de alguns desafios nas nossas vidas, precisamos ter um olhar mais humano com o outro e com nós mesmos, com resistência emocional e a inteligência necessária, para só então estarmos bem para procurarmos soluções ponderadas, em cada situação que venhamos a passar.

O fluxo da vida nos ensina a caminhar aproximadamente com um ano e poucos meses e, a partir de então, não podemos parar, devemos seguir a trajetória de crescimento, mudanças, desafios, nas relações humanas que construímos em família, no trabalho e socialmente, com o devido zelo emocional.

Devemos nos lembrar que a inteligência emocional nos levará ao gerenciamento de nossas emoções, permitindo um fazer diferente, em um organismo maior a que pertencemos, fomentando um ambiente mais positivo e transformador. Assim, o fazer na advocacia torna-se uma entrega baseada em elos fortes, de modo que tratar o cliente, genuinamente diferenciado, será o grande desafio do profissional, especialmente após a pandemia, quando vivenciamos o isolacionismo compulsório. Atualmente, precisamos de mãos e braços fortes para promover a defesa e, de fato e de direito, abraçar verdadeiramente a causa e o cliente.

Precisamos buscar a vida possível, valorizar os afetos e as vivências que são apresentadas, cada uma em seu contexto e cenário próprios, pois não somos estanques, vivemos em constante processo de evolução, sendo a inteligência emocional, indiscutivelmente, importante não só para a advocacia, mas para as relações humanas, em permanente realinhamento, como admoestou Guimarães Rosa no livro *Grande sertão: veredas*: "O que tem de ser, tem muita força." E "O correr da vida embrulha tudo. A vida é assim: esquenta e esfria, aperta e daí afrouxa, sossega e depois desinquieta. O que ela quer da gente é coragem" (INSTITUTO LING, 2021).

Referências

GOLEMAN, D. *Inteligência emocional*. 29. ed. Rio de Janeiro: Ed. Objetiva, 1995.

INSTITUTO LING. *O sertão de Guimarães Rosa*. 2021. Disponível em: <https://institutoling.org.br/explore/o-sertao-de-joao-guimaraes-rosa>. Acesso em: 2 mar. de 2024.

KANE, G. C. et al.; tradução de Cristina Yamagami. *Tecnologia não é tudo: entenda por que as pessoas são a verdadeira chave para transformação digital do seu negócio*. São Paulo: Benvirá, 2020. p. 191.

LUFT, L. *O tempo é um rio que corre*. Rio de Janeiro, Record, 2014.

MAGALHÃES, S. C. de S. S. O segredo dos advogados do futuro: domínio das softs skills. *Revista da Advocacia de Rondônia*. 2022. Disponível em: <https://revista-ro.adv.br/biblioteca/o-segredo-dos-advogados-do-futuro-dominio-das-softs-skills/>. Acesso em: 2 mar. de 2024.

20

O DESENVOLVIMENTO DAS COMPETÊNCIAS SOCIOEMOCIONAIS E SEU IMPACTO NO ECOSSISTEMA ORGANIZACIONAL

Neste capítulo, ao considerar a inteligência emocional como porta de entrada para a excelência pessoal, o desenvolvimento de equipes mais maduras, uma liderança transformadora e uma organização com propósitos sustentáveis, profissionais e organizações poderão ressignificar suas necessidades e práticas. Mais do que uma competência individual, você compreenderá que as competências socioemocionais precisam ser encaradas de maneira sistêmica, impactando a atuação do indivíduo, o trabalho em equipe, o exercício da liderança e a estratégia de futuro da organização.

MAIANE BERTOLDO LEWANDOWSKI

Maiane Bertoldo Lewandowski

Apaixonada por estudar o comportamento humano organizacional, materializou esse estudo nas formações em Psicologia e Ciências Sociais e, mais tarde, em *Coaching*, *Mentoring* e ferramentas de *assessment*. Pós-graduada em Avaliação Psicológica e Psicologia Organizacional. Certificada mestre em Gestão e Negócios, pela Unisinos/RS e pela Université de Poitiers/FR. Sua dissertação sobre desenvolvimento de gestores médicos recebeu menção honrosa francesa e foi premiada como melhor trabalho no Semead da FEA/USP. Atua na área da saúde há mais de dez anos, com a oportunidade de ser gestora de recursos humanos em Porto Alegre, Brasília e São Paulo. Atualmente, é consultora de recursos humanos na Sociedade Beneficente Israelita Brasileira Albert Einstein, além de atuar como docente, mentora, conteudista e tutora. Dedica-se aos trabalhos voluntários como mentora de mulheres e de jovens em busca de desenvolvimento de competências socioemocionais, assim como à avaliação de *cases* de gestão de pessoas em premiações representativas da área.

Contatos
maianebl@yahoo.com.br
LinkedIn: maianebertoldolewandowski
Instagram: @maianebl
Facebook: maiane.bertoldolewandowski

Maiane Bertoldo Lewandowski

"A coragem não é a ausência do medo. A coragem é o medo caminhando."
Susan David

A inteligência emocional, enquanto tema de cunho organizacional, vem tomando contornos distintos na última década. Lembro-me bem quando ministrava disciplinas sobre o tema há 10 anos atrás e ouvia de muitos profissionais que não se sentiam à vontade, muito menos seguros em compartilhar sobre seu processo de desenvolvimento nas competências socioemocionais com sua equipe e sua organização.

Atualmente, dialogar, praticar e oferecer ferramentas para o desenvolvimento das competências socioemocionais tornou-se tema da governança, pois é um elemento central na produtividade consciente dos profissionais e na sustentabilidade das organizações.

De acordo com a pesquisa global da Gallup, realizada com 122 mil pessoas que trabalham em empresas de diversos segmentos, 59% estão emocionalmente desconectadas do seu trabalho. O que isso representa para o futuro do trabalho e das organizações? Para a forma como colocamos em prática nosso propósito e nossos valores? Quais são os impactos nas práticas de liderança?

Mais do que uma competência individual, as competências socioemocionais precisam ser encaradas de maneira sistêmica, impactando quatro esferas: I. atuação do indivíduo; II. trabalho em equipe; III. exercício da liderança; e IV. estratégia de futuro da organização. Processos como priorização, gestão de conflitos, tomada de decisão e gestão da mudança estão diretamente interconectados a essa dinâmica.

Visão sistêmica, adaptabilidade, colaboração e resolução de problemas nos convidam a ver além do óbvio, já que temos uma visão restrita da realidade. E é nesse ponto que o autoconhecimento se torna um aliado poderoso. Perceber as emoções, raciocinar com elas, entendê-las e gerenciá-las, combinando pensamento, sentimento e ação de maneira assertiva, são fundamentais para sermos pessoas, profissionais, lideranças e organizações emocionalmente inteligentes.

As emoções devem melhorar e assistir nossos processos de raciocínio de alguma maneira significativa, e não meramente influenciá-los. Combinar efetivamente pensamento e sentimento para tomar decisões sábias é o que moverá suas competências socioemocionais.

Atuação do indivíduo

> *"Se as emoções existem, nos afetam, e contêm tanto dados como energia, a escolha é muito simples: podemos ignorá-las ou utilizá-las."*
> Joshua Freedman

A autoconsciência é o ponto de partida quando se trata das competências sociocmocionais. Todo aprendizado tem uma base emocional, assim como toda decisão e ação.

Essa dimensão inclui nos manter atentos ao modo como costumamos reagir a determinados eventos, dificuldades e pessoas, assim como conhecer a fundo nossas tendências e padrões.

Tolerar o desconforto de nos concentrar em sentimentos negativos resulta de um entendimento direto e honesto das nossas motivações. Pessoas com autoconsciência sabem com clareza o que fazem bem, o que as motiva e as satisfaz e quais pessoas e situações lhes provocam reações intensas. Conhecem seus pontos fortes e fracos, suas motivações e seus valores, assim como o impacto causado por esses fatores.

A autoconfiança está relacionada diretamente à nossa capacidade de nos mostrar vulneráveis e à nossa forma de ser e estar no mundo, o que de fato nos torna autênticos. É nessa dimensão que o propósito (direção), os valores (forma como quero ir) e a visão (quem eu quero ser) são constituídos e fortalecidos.

Os valores guiam nossas escolhas, decisões e relacionamentos. E são esses elementos que devemos utilizar como bússola em nossa jornada. Quando você entende que precisa investir na autogestão, exercer mais a consciência social e gerir melhor suas relações, é no pensamento que deverá atuar. A emoção e o sentimento podem estar ligados a uma crença limitante. O pensamento afeta a forma como nós nos sentimos e como agimos.

Você consegue regularmente identificar e nomear o que está sentindo? De maneira geral, consegue identificar as razões desses sentimentos? Você tem consciência de como reage recorrentemente em sua vida? A partir dessas reflexões, será possível investirmos na capacidade de usar a conscientização das nossas emoções para nos manter flexíveis e direcionar o nosso comportamento de maneira positiva. O que te inspira a seguir?

Ativar a autogestão está relacionado à capacidade de tolerar a incerteza à medida que exploramos as nossas emoções e opções com clareza, mesmo em situações adversas e com diferentes pessoas.

Trabalho em equipe

> *"A qualidade da intervenção depende da qualidade interna do interventor."*
> Otto Scharmer

As competências emocionais em ação são postas à prova na relação e convivência entre as pessoas de uma equipe. Engana-se quem considera que a boa convivência e confiança decorrem exclusivamente do quanto a equipe realiza suas entregas com sucesso.

Proximidade e conexão partem do quanto cada um conhece e coloca em cena suas habilidades e limites (autoconsciência e autogestão), utilizando justamente as diferenças em prol dos objetivos da equipe (empatia e gestão das relações).

A equipe se conhecer funciona como alicerce. Se você fosse um livro, qual seria o título? O que representa você? Emociona? Fala sobre seu orgulho, sua coragem e sua superação? Compartilhar histórias nos aproxima, fortalece e constrói relações de confiança.

Para a gestão da diversidade, por exemplo, podem ser utilizadas ferramentas com foco em padrões de comportamentos e temperamentos, o *feedforward* e a avaliação 360º. Considerar que essas diferenças serão evidenciadas em debates e conflitos faz parte da dinâmica. Nesse ponto, calibrar expectativas, esclarecer papéis e expor as regras do jogo são condições para a dinâmica da equipe.

As emoções de equipe são diretamente proporcionais à felicidade e à segurança. A experiência de emoções positivas frequentes associada às relações positivas entre as pessoas é construída quando a equipe coloca suas características individuais a serviço do todo. As pessoas são mais felizes em suas atividades quando sentem que fazem algo significativo, com autonomia, reconhecimento e contam com o apoio umas das outras.

Durante as aulas e workshops que ministro, proponho à turma explorarmos as diferenças de temperamentos e comportamentos para nos conhecermos, compreendermos os outros e identificarmos a dinâmica de funcionamento enquanto equipe. O que nos torna valiosos enquanto equipe? Quais são as nossas dificuldades?

Conscientizar-se quanto às diferenças e reconhecer seu valor não precisa ser uma atividade exclusiva da liderança. Para a equipe praticar novos comportamentos e encarar as diferenças como vantagem competitiva, incorporando perspectivas distintas aos próprios processos, é preciso ter autoconsciência, autoconfiança e autorresponsabilidade.

Exercício da liderança

> *"A tarefa fundamental dos líderes é instalar bons sentimentos naqueles que lidera."*
> Daniel Goleman

Para ser um líder capaz de aplicar as competências socioemocionais em seu dia a dia, é preciso lidar consigo mesmo (autoconsciência e autogestão), lidar com os outros (consciência social) e lidar com os desafios (gestão das relações). Para que essa engrenagem aconteça, razão e emoção precisam estar em sintonia: "O que eu sei precisa fazer sentido no que eu faço e em como eu decido agir".

Sendo o ser humano um ser social em essência e a liderança exercida nas interações, saber fazer uso das competências socioemocionais torna-se uma estratégia valiosa de adaptação. Além de conhecer a si mesmo e estar em contínuo desenvolvimento, um líder emocionalmente inteligente também precisa ter a capacidade de conhecer com quem trabalha, para se comunicar de maneira assertiva, delegar de modo inteligente, resolver conflitos iminentes e, principalmente, fazer o que precisa ser feito no papel que ocupa.

O engajamento e a criatividade florescem em ambientes de trabalho em que os líderes têm uma consideração personalizada em relação às necessidades de cada membro da equipe. Lideranças que se adaptam ao estilo de seus liderados, criando uma conexão mais profunda e permitindo que eles sejam emocionalmente genuínos, constroem ambientes com segurança psicológica. Pessoas, equipes e organizações mais ágeis, saudáveis e resilientes são construídas com base na abertura às emoções humanas.

Além de valorizar e gerir equipes com pessoas heterogêneas, aproveitando suas complementariedades e diversidade, é preciso equilibrar as três instâncias que compõem o ser humano, conforme os princípios da antroposofia: I. nossos fatos, argumentos e ideias – o PENSAR; II. as emoções, valores e necessidades – o SENTIR; III. a energia, intenções e a motivação – o QUERER/AGIR.

No campo do pensar, um dos antídotos para as dúvidas e incertezas é clarificar as razões, debater com argumentos, trazer objetivos e status. O valor está no conteúdo e na bússola.

Já na dimensão do sentir, o líder precisa ter sensibilidade para criar e possibilitar um ambiente de confiança, pois é preciso abordar medos e inseguranças. O ponto-chave está na presença e no entendimento das necessidades.

Por fim, na instância do querer/agir, é preciso compreender as intenções e as motivações das pessoas, fazer junto, analisando a rotina e suas capacidades. O foco está no estímulo e no encorajamento.

Como liderança, tenha sempre em mente essas três reflexões e se desafie a ser um líder emocionalmente melhor a cada dia: Como posso oferecer mais **clareza**? Como posso criar mais **conexão**? Como posso **apoiar** e **estimular**?

E na tomada de decisão, uma das responsabilidades intransferíveis da liderança? Colocá-la em ação está cada vez mais complexo diante da volatilidade e de incertezas. Ao integrar a inteligência emocional no processo decisório, elevamos a qualidade das escolhas e fomentamos uma cultura organizacional resiliente e sustentável.

A autoconsciência nos permite ponderar, com base em motivações claras, e não sucumbir às decisões impulsivas. A empatia é um elemento central para a tomada de decisão. Quando considero o outro, as decisões tendem a ser empáticas e inclusivas, alinhadas às necessidades da equipe e da organização.

A gestão das emoções na gestão de relacionamentos é ainda mais importante em situações de estresse e pressão. Escolher e tomar decisões com raiva, êxtase ou ansiedade, por exemplo, pode prejudicar escolhas cruciais e contaminar todo o ambiente.

Para colocar a inteligência emocional em prática, você trabalha para tornar-se mais consciente (notar o que faz), mais intencional (fazer o que pretende) e com mais propósito (fazê-lo por uma razão).

Estratégia de futuro da organização

> *"Quanto maior a consciência do todo, mais a nossa ação beneficia esse todo."*
> *Peter Senge*

Vemos o mundo por meio das nossas lentes e acabamos tendo uma visão restrita da realidade. Quando entendemos essa máxima como verdadeira, ampliamos nossa consciência do todo e nossa capacidade de ação. Quanto mais equilibrado um sistema, melhor é a qualidade das relações e a segurança percebida.

Estamos em um momento de transição, no qual passamos a investir nas competências coletivas e não somente individuais. A inteligência emocional e todas as habilidades associadas passa a ser reconhecida como uma competência base – contida na adaptabilidade, colaboração e resolução de problemas, constituindo-se tema de governança e de comitês de pessoas.

Durante as aulas que ministro nos cursos de pós-graduação, cursos *in company* e MBAs, como forma de provocar as reflexões, estimular a identificação dos sentimentos e estabelecer ações e compromissos do grupo diante do equilíbrio, segurança e melhores resultados dos sistemas em que estão inseridos, trabalhamos o quanto fazem (e poderão fazer) uso das três dimensões em prol de si mesmos, dos outros, da sua rede de lideranças e da sua organização.

No pensamento sistêmico, é necessário manter a mente aberta e curiosa para perceber as interrelações. Já na consciência sistêmica, é primordial sentir o que acontece conosco e com as pessoas ao nosso redor. E, para a ação ecossistêmica, a atitude está ligada ao dar e receber (compromissos mútuos), sempre em prol da interconectividade. É preciso investir mais na visão sistêmica associada ao olhar crítico (avaliação e julgamento das informações) e à capacidade analítica (simplificação). Fazer boas perguntas!

Esse movimento sistêmico também é ilustrado quando consideramos a importância de cultivar um egossistema saudável[1] para construir um ecossistema colaborativo. A consciência sistêmica começa em cada um de nós, pois só seremos capazes de ampliar nossa percepção e ação à medida que compreendemos e priorizamos como nos conectamos com nossa identidade e propósito.

Ao cultivarmos o egossistema saudável, estamos promovendo o autoconhecimento e a autenticidade. E esse processo é fundamental para criarmos um ambiente verdadeiramente colaborativo, em que diferentes partes interessadas se unem em prol de um objetivo comum. É investir na sua voz autoral!

Uma possibilidade de colocar em prática tanto o egossistema saudável como o ecossistema colaborativo é aproveitar a inteligência coletiva de uma equipe, áreas que compõem uma Diretoria, por exemplo, a rede de lideranças de uma instituição, ou até mesmo a organização como um todo. Para isso,

---

1 Egossistema é um conceito difundido por Otto Scharmer, relacionado à teoria U, que remete a estarmos no centro da nossa satisfação de interesses e objetivos. Quando ele é superior aos objetivos comuns, acaba sendo tóxico. Quando trabalhamos no nosso autoconhecimento e ampliamos nossa consciência (com a mente, coração e vontade abertos), colocamos nossos motivadores a serviço do outro e da coletividade.

trabalhe as seguintes questões: I. *Fortalezas:* O que nos aproxima e fazemos bem? II. *Oportunidades:* O que precisamos priorizar? III. *Barreiras:* O que podemos fazer como equipe para removê-las? IV. *Aprendizados:* Quais são nossos aprendizados-chave e como eles podem nos impulsionar?

Construir e investir em ambientes de segurança psicológica está diretamente associado a outros temas complexos e necessários nas organizações, como saúde mental, produtividade consciente, novos modelos de trabalho e desenvolvimento de lideranças.

O que você tem feito para manter as relações pessoais e de trabalho mais saudáveis? Produtividade consciente envolve buscar o equilíbrio entre a quantidade e qualidade das atividades realizadas. Foco e intenção são necessários para conduzir as ações com assertividade. No âmbito da organização, esse conceito pode ser evidenciado no equilíbrio da busca pela excelência com os espaços para experimentação (ambidestria entre a perfeição e a inovação).

No esquema a seguir você poderá visualizar o impacto das competências socioemocionais no ecossistema organizacional.

O desenvolvimento das competências socioemocionais e seu impacto no ecossistema organizacional

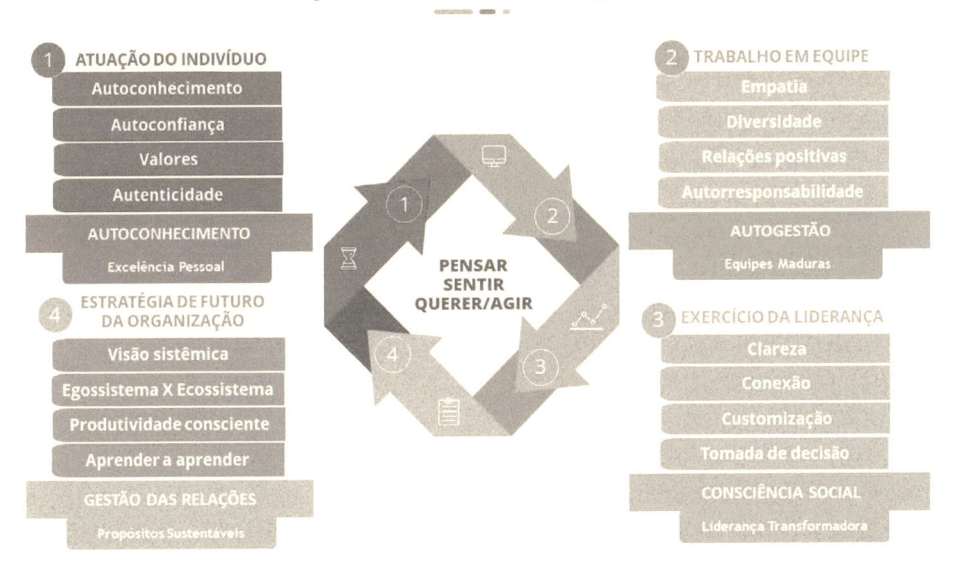

1. ATUAÇÃO DO INDIVÍDUO
   - Autoconhecimento
   - Autoconfiança
   - Valores
   - Autenticidade
   - **AUTOCONHECIMENTO**
   - Excelência Pessoal

2. TRABALHO EM EQUIPE
   - Empatia
   - Diversidade
   - Relações positivas
   - Autorresponsabilidade
   - **AUTOGESTÃO**
   - Equipes Maduras

3. EXERCÍCIO DA LIDERANÇA
   - Clareza
   - Conexão
   - Customização
   - Tomada de decisão
   - **CONSCIÊNCIA SOCIAL**
   - Liderança Transformadora

4. ESTRATÉGIA DE FUTURO DA ORGANIZAÇÃO
   - Visão sistêmica
   - Egossistema X Ecossistema
   - Produtividade consciente
   - Aprender a aprender
   - **GESTÃO DAS RELAÇÕES**
   - Propósitos Sustentáveis

PENSAR SENTIR QUERER/AGIR

Aprender a aprender – do básico aos temas complexos –, como competência individual, coletiva e organizacional, encontra terreno fértil quando as competências emocionais são encaradas como estratégicas. Afinal, torna-se imprescindível discutir e redesenhar novos modelos de liderança, dinâmicas de trabalho e performance.

Compreenda a sua realidade, identifique as suas necessidades e coloque-se em ação com compromisso: a inteligência emocional é a porta de entrada para a excelência pessoal, o desenvolvimento de equipes mais maduras e com relações significativas, uma liderança transformadora e uma organização com propósitos sustentáveis.

Referências

BURKHARD, G. *Tomar a vida nas próprias mãos*. São Paulo: Antroposófica, 2012.

CRUZ, C.; ROMA; A. *Constelações sistêmicas organizacionais – cases a aplicações para o sucesso e crescimento nas empresas e relações humanas*. São Paulo: Leader, 2001.

DAVID, S. *Agilidade emocional: abra sua mente, aceite as mudanças e prospere no trabalho e na vida*. São Paulo: Cultrix, 2018.

FREEDMAN, J. *At the Heart of Leadership: How To Get Results with Emotional Intelligence*. Six Seconds, 2019.

GOLEMAN, D. *Inteligência social: A ciência revolucionária das relações humanas*. São Paulo: Objetiva, 2019.

SCHARMER, O. *Liderar a partir do futuro que emerge*. Rio de Janeiro: Alta Books, 2020.

SENGE, P. *Presença: propósito humano e o campo do futuro*. São Paulo: Cultrix, 2007.

21

USANDO A INTELIGÊNCIA EMOCIONAL PARA FORTALECER AS NEUROVENDAS
O CONCEITO DE NEUROVENDAS E A IMPORTÂNCIA DE ENTENDER O CÉREBRO DO CLIENTE

Neurovendas é a aplicação de princípios da neurociência que permitem entender o comportamento do consumidor no momento da compra.
A inteligência emocional de um ser humano mostra a capacidade das emoções ligadas a outros seres humanos. A combinação das duas – neurovendas e inteligência emocional – propiciam o entendimento do cérebro humano emocionalmente quando ocorrem os estímulos de vendas.

MARCO CASTRO

Marco Castro

Marco Castro tem 40 anos de experiência em vendas. É diretor do Instituto AlCastro; escritor do best-seller *Seja (im)perfeito*, mestre em Gestão de Negócios, com pós-graduação em Gestão da Qualidade e Engenharia Econômica; economista; psicoterapeuta; palestrante; e gestor em Neurovendas.

Contatos
www.marcocastropalestrante.com.br
Instagram: @marcocastro_palestrante
WhatsApp: 15 99798 3839

Neurovendedores procuram resultados, buscando compreender o cérebro dos clientes

No mundo das vendas, buscamos o conhecimento superficial dos produtos, desenvolver clientes *prospects*, visitas, contatos pessoais, vender para buscar atingir metas, o cumprimento das cotas e ganhar a comissão para pagar os compromissos assumidos.

Vendedores que se preocupam apenas com as vendas, visando a suas comissões, o cumprimento de metas, cumprir cotas inconsistentes e fechar o mês no positivo.

Trabalhar com inteligência emocional é crucial para se criar uma liderança eficaz e a construção de relacionamentos positivos no ambiente competitivo.

Ser igual a qualquer vendedor, sem o uso da inteligência emocional ao nosso favor, não fortalece os relacionamentos duradouros com o mercado

Não aplicar inteligência emocional e focar apenas em preço em um primeiro contato com o cliente pode criar no cérebro dele uma impressão de falta de sensibilidade às suas necessidades. Isso pode levar a uma negociação menos eficaz, já que o cliente pode sentir que não está sendo compreendido.

Em muitos treinamentos, encontramos vendedores que têm dificuldades de desenvolver uma determinada área das vendas extraordinárias que são possíveis para quem entende sobre os passos da neurovendas:

A inteligência emocional ajuda a gerenciar a ansiedade, promover uma mentalidade de crescimento e facilitar a busca ativa por novas habilidades ou conhecimentos. Isso contribui para um processo de aprendizagem mais eficaz e positivo.

Neurovendedores de sucesso entendem o cérebro dos seus clientes e usam a inteligência emocional para conquistar clientes

Um neurovendedor preparado busca entender o cérebro dos clientes e dessa forma aprimora suas estratégias de vendas. Quando o neurovendedor entende os processos cognitivos, emocionais e motivacionais que ocorrem no momento do consumo, fica mais fácil a adaptação do produto a ser oferecido ao processo de abordagem junto ao cliente, melhorando a persuasão e a comunicação.

Com o conhecimento da maneira de o cliente receber a informação, entendo se ele é visual (precisa ver o produto), auditivo (precisa escutar sobre o produto) ou cinestésico (precisa tocar no produto).

A inteligência emocional é valiosa nas negociações ao considerar o estilo de comunicação proferido pelo cliente, seja visual, auditivo ou cinestésico. Entender essas preferências permite ajustar a abordagem de comunicação para melhor se adequar ao cliente, estabelecendo uma conexão mais eficaz.

Quando o neurovendedor se refere a um cliente visual, é necessário que sejam utilizadas técnicas que facilitem ao cliente enxergar o produto e o que ele trará de benefícios às necessidades imediatas. O produto terá que ser mostrado visualmente ao cliente.

Para clientes visuais, é importante incluir no produto elementos visuais atraentes. Certamente, com esses estímulos o cliente perceberá e entenderá como a dor poderá ser curada. Por exemplo, ao reconhecer expressões faciais ou linguagem corporal, aspectos visuais podem desempenhar um papel na compreensão das emoções; portanto, embora não sejam as mesmas coisas, podem estar interconectados em contextos.

Quando o neurovendedor se refere a um cliente auditivo, é necessário que sejam utilizadas técnicas que facilitem ao cliente escutar sobre o produto que está sendo comercializado, informando os benefícios que serão entregues para atender a suas necessidades.

A relação entre a inteligência emocional e o sentido auditivo está na capacidade de compreender e interpretar as emoções expressas por meio de informações auditivas, envolvendo a habilidade de perceber e compreender não apenas as próprias emoções, mas também as emoções dos clientes.

Quando o neurovendedor se refere a um cliente sinestésico, é necessário que sejam utilizadas técnicas que facilitem o contato do cliente com o produto, para que ele possa sentir, por meio do tato, o que o produto trará de benefício para atender às suas necessidades. Dessa forma, oferecer amostras, deixar que o cliente tenha uma experiência prática com o produto, informações detalhadas sobre a textura, o que o produto trará de conforto ao cliente e fazer que sinta o produto é de extrema importância no momento da negociação.

A relação entre a inteligência emocional e o sentido cinestésico está ligada à capacidade de compreender e interpretar as emoções por meio de sensações físicas e movimentos. A sensação tátil em relação à compreensão das emoções.

Na prática, significa que a inteligência emocional pode ser utilizada para reconhecer como as emoções se manifestam fisicamente, seja na linguagem corporal de uma pessoa, em gestos ou em sensações físicas associadas às emoções.

Além de identificar qual é o tipo que estamos atendendo, o neurovendedor precisa ter a habilidade de utilizar também os cinco sentidos do ser humano.

A visão trará a percepção pelas cores e pela luz, permitindo o contato visual com os objetos, as formas e os detalhes. A audição permitirá que o cliente nos ouça, entenda e interprete, firmando o sentido das tonalidades, da intensidade dos padrões sonoros. O olfato será responsável pela percepção dos odores, fazendo que o cliente diferencie as variedades dos cheiros.

O paladar permite ao cliente a percepção dos sabores, muito utilizado pelos produtos da cadeia alimentícia, quando poderá distinguir o doce, o salgado, o amargo e o azedo. O sentido do tato permite que o cliente sinta o produto por meio do tato, como já salientemos quando falamos dos clientes sinestésicos, fazendo com que seja possível perceber a textura, a temperatura e as pressões.

A neurovendas e seus três pilares definidos no cérebro do cliente: quando se usa a inteligência emocional, as negociações acontecem na região certa

Um novo mercado, cada vez mais globalizado e acirrado em concorrência, pede um novo vendedor. Uma transformação por meio da compreensão de como o cérebro do cliente funciona no momento da compra e quais gatilhos mentais utilizar. Isso é o que chamamos de neurovendas. Em razão disso, existem três pilares que definem a decisão de compra dos clientes.

A mensagem passa pelo cérebro reptiliano, ou cérebro primitivo, responsável pelas funções básicas de sobrevivência do ser humano, associado aos comportamentos instintivos, o sim ou o não na hora de uma compra. É por meio dessa área do cérebro que os clientes compram de maneira impulsiva, a compra rápida, de momento, o "eu quero esse produto hoje e agora".

Após passar pelo primeiro pilar, a mensagem vai para o sistema límbico, o qual desempenha um papel central no processamento de emoções e memórias, sendo fundamental no contexto de decisões de compra influenciadas emocionalmente. Ter inteligência emocional é crucial nesse cenário, pois permite compreender e gerenciar as emoções no momento da compra.

Ao entender como as mensagens e os estímulos afetam o sistema límbico do consumidor, profissionais de vendas emocionalmente inteligentes podem adaptar suas abordagens para criar conexões emocionais mais profundas.

A inteligência emocional na hora da compra é importante para navegar pelas complexidades emocionais do cliente, construir *rapport* e facilitar a experiência de compra de maneira mais satisfatória.

Entrando para o terceiro pilar, a mensagem vai para o neocórtex, responsável pela tomada de decisão, a conclusão da compra sem impulso, a compra racional. É a parte altamente desenvolvida do cérebro humano, responsável pelas funções cognitivas superiores, o pensamento consciente, a linguagem e a memória. É nesse terceiro pilar que os clientes tomam a decisão do consumo.

Ao lidar com informações mais analíticas e racionais durante o processo de compras, a inteligência emocional compreende as motivações subjacentes, gerenciando possíveis resistências emocionais do cliente, e torna a experiência de compra mais positiva, contribuindo para construir relacionamentos duradouros, mesmo em contextos mais orientados pela lógica no neocórtex.

Utilizando os três pilares como técnica de neurovendas por meio da inteligência emocional

Todo neurovendedor preparado entende que toda venda bem-sucedida tem que focar no cérebro dos clientes, uma visão de futuro, o que o nosso produto irá trazer de benefício para o cliente após ele ter adquirido e suprido o seu desejo. As neurovendas permitem ao negociador transformar uma necessidade em um desejo e, para isso, será necessário criar histórias sobre o produto sendo utilizado.

A inteligência emocional nesse momento envolve a capacidade do vendedor de ler as emoções dos clientes, superar as indecisões e fechar o pedido.

Por meio das neurovendas, todos ganham pela inteligência emocional: vendedores extraordinários e principalmente os clientes

Mesmo com todos os benefícios apresentados pelas neurovendas, é importante ressaltarmos que não é a única estratégia a ser utilizada pelos profissionais de vendas, mas funciona como uma abordagem complementar que agrega valor às técnicas de vendas, utilizando de maneira ética a fundamentação da neurociência como forma de entender o cérebro dos clientes no momento da compra.

As neurovendas permitem a compreensão das necessidades dos clientes, transformando-as em desejos.

Com o conhecimento das neurovendas, o profissional preparado pode ajudar os clientes na tomada de decisão, permitindo que ofereçam informações relevantes e argumentos convincentes no momento correto.

Todo vendedor pode se aprofundar em neurovendas se buscar ter inteligência emocional

A partir de hoje, desafio você a se aprofundar no conhecimento dos princípios da neurociência, visando ao que há de mais moderno no conhecimento do cérebro dos clientes, cada segmento possui seus diferenciais; quanto mais conhecermos o nosso negócio, mais teremos técnicas e estratégias tangíveis para entregar o melhor ao mercado. Aprenda diariamente sobre o seu produto.

Abra a sua mente para o novo, acredite no conhecimento e principalmente na prática de neurovendas, sempre com técnicas com visão de futuro na utilização dos produtos comercializados, com ética e transparência, respeitando a privacidade e a autonomia dos clientes. Todas essas etapas, sendo utilizadas diariamente, lhe trarão resultados surpreendentes e transformarão sua vida em todos os setores.

Com inteligência emocional e buscando sempre a transparência de um neurovendedor preparado, será possível abrir mais e novas frentes de negociações objetivas, o que trará ainda mais credibilidade à clientela e possibilitará mais vendas com possibilidade de novos negócios.

Neurovendedores acreditam em seus produtos e entregam diferenciais ao mercado

É importante salientar que utilizar as neurovendas fará com que o nível de habilidades do profissional de vendas o qualifique, elevando as taxas de conversão de negócios e gerando, consequentemente, mais oportunidade de ganhos, tanto em comissionamento quanto em bonificação. Os clientes passarão a ter mais confiabilidade nos produtos no atendimento às suas necessidades.

Administrar bem as finanças, ter a oportunidade de ter uma vida próspera, poder realizar sonhos, criar seus filhos com dignidade, ter momentos de felicidade e descontração, poder viajar e curtir bons momentos são as buscas de um neurovendedor que, com habilidades e inteligência emocional ajustada, são conquistadas de maneira sólida e duradoura.

Saber como manejar as emoções ligadas à compra, as necessidades inconscientes que levam o cliente a desejar o produto e a racionalidade para a decisão final da compra ligadas às áreas certas do cérebro é o segredo das neurovendas para dobrar o seu faturamento. Venha conhecer, fazer parte desse mundo e você será mais que um vendedor, será um NEUROVENDEDOR VENCEDOR!!!

Referências

ALVES, R. *O cérebro com foco e disciplina.* São Paulo: Editora Gente, 2014. p. 56-127.

BURIC, A. *Neuro Persuasão.* E-book. Disponível em: <http:// BrainPower.com.br.>. Acesso em: 11 jun. de 2024.

CASTRO, M. *O valor da mente humana.* 2018; p. 11-16.

FERREIRA, G. *Gatilhos mentais.* São Paulo: DVS Editora, 2019. p. 87-106.

KANDEL, E. R. et al. *Princípios da neurociência.* São Paulo: Artmed, 2014. p. 43-119.

KANDEL, E. Uma Nova Ciência da Mente. *Revista Ciência Hoje.* Dezembro 2011 [CH 288]. p. 8-11.

LINDSTROM, M. *A lógica do consumo.* Rio de Janeiro: HarperCollins, 2008. p. 97-138.

22

INTELIGÊNCIA EMOCIONAL
O SEU MELHOR NEGÓCIO

Neste capítulo, você aprenderá como o poder do subconsciente é tão grande. Superar todas as suas limitações, seus desafios e crescer grandiosamente nos seus negócios, eliminando tudo aquilo que coloca em dúvida a sua capacidade profissional. Desfrute e coloque em prática todo esse conhecimento, pois você é merecedor de atingir grandes resultados no seu negócio com o poder da inteligência emocional.

MEIRY ELIAS DUARTE

Meiry Elias Duarte

Graduada em Direito pela Universidade Salgado de Oliveira, em Juiz de Fora/MG. (2010). MBA Executivo Gestão e *Business LAW* pela Fundação Getulio Vargas, no Rio de Janeiro- RJ (2014). MBA Negociação, Vendas e Resultado com Alta Performance – PUC/RS (2020), *Master coach* formada pela FEBRACIS (Federação Brasileira de Coaching Integral Sistêmico), 2015, em São Paulo/SP, com certificação internacional pela Flórida Christian University – Orlando USA, *Practitioner* SOAR Global Institute – Flórida Christian University – Orlando USA, *Advanced Executive Coaching;* Oratória e Teatro – Instituto Wolf Maia/RJ, *Business High Performance,* formada pela FEBRACIS, Fortaleza/CE. Analista comportamental CIS Assessment e instrutora de inteligências múltiplas certificada pela FEBRACIS, Fortaleza/CE (2017). Grafologia pelo Instituto DL (2016). *Practitioner* PNL pelo Instituto Penna Forte, Belo Horizonte (2016). *The Power Within* (Tony Robbins) Miami – EUA Business Mastery (Tony Robbins) (2019), *Date With Destiny* (Tony Robbins) Califórnia – EUA. Robbins Research International, Inc. (2021), *Business Mentory* – Institution Anthony Robbins Miami (2022), Hipnoterapeuta Omni Hypnosis Training Center (2022) Certificado pelo ISO 9001. Cursando *Master of Arts in Coaching* pela Flórida Christian University – Orlando – EUA.

Empresária, escritora, palestrante e mentora internacional, já ministrou treinamentos on-line nos seis continentes do mundo. Presencialmente, já ministrou treinamentos em Angola, Espanha, Estados Unidos e Brasil. Impactou e desenvolveu mais de 7.000 pessoas nos ramos do empreendedorismo, liderança e vendas.

Especialista em vendas, negociação alta performance com foco em resultados, certificada pela Robbins Research International, Inc. como *Business Mentory,* criadora *Business Mentory Excellencie* e do método 3 DPs MENTORY, Despertar, Desvenda e Descubra seu potencial, propósito e poder – CEO da Gran Império Consultoria e Treinamentos. Seu propósito é ajudar mulheres, empresárias e empreendedoras a atingir a alta performance profissional, eliminando bloqueios mentais e comportamentais e aumentar os resultados em vendas, gestão de negócios e faturamento, por meio do poder da mente.

Contatos

www.meiryelias.com
granimperiotreinamentos@gmail.com
Instagram: @meiryeliasoficial

YouTube: Meiry Elias Oficial
32 99148 9511

Mentora de negócios

> *"As emoções são contagiosas. Todos sabemos disso por experiência. Depois de um bom café com um amigo, você se sente bem. Quando encontra um balconista rude em uma loja, se sente mal".*
> (Daniel Goleman, 1996)

Já disse o poeta e mentor espiritual Jalaladim Maomé Rumi, ainda no século XIII: "Ontem era inteligente, eu queria mudar o mundo. Hoje eu sou sábio, estou a mudar-me a mim mesmo".
Se você já iniciou sua caminhada pelo mundo dos negócios, sabe que um dos pilares do sucesso é o desenvolvimento de *soft skills* – habilidades comportamentais relacionadas à maneira como o profissional lida com o outro e consigo mesmo, em diferentes situações. Se você está começando agora o seu *business*, é bom que saiba disso também.

Muitas pessoas ainda estão travadas em determinadas áreas do seu negócio ou ainda não conseguem alcançar os resultados planejados por dois principais motivos: investem mais em *hard skills* – habilidades técnicas, possíveis de desenvolver por meio de treinamentos e cursos; ou não investem em *soft skills* como **inteligência emocional**, resiliência ou comunicação assertiva, por exemplo.

Seja em mentorias, palestras ou redes sociais, sempre procuro entregar conteúdos relacionados ao desenvolvimento dessas habilidades. Neste momento, quero falar com você sobre **o poder da inteligência emocional nos negócios**.

Afinal, o que é ser inteligente? É ter um QI (Quociente de Inteligência) alto? Segundo Leninha Wagner, psicóloga e neuropsicóloga e especialista em testes de inteligência, *"O QI não é a inteligência. Ele é um indicador, um manifesto da inteligência, que pode ser observado a partir de testes, quando a gente mensura isso"*.

O QI é uma forma de "quantificar" a inteligência de uma pessoa, em comparação com a média da população, levando em conta critérios de referência e comparações, estabelecendo uma relação entre sua idade mental e cronológica.

Leninha Wagner, em entrevista ao Portal EBC ainda questiona: "O que adianta ser inteligente num banco de escola se você não tem inteligência nas relações afetivas?".

Segundo Hugo Gonçalves, da KNOWMAD Ventures, a inteligência emocional nos negócios é muito mais que a capacidade de conseguirmos ter consciência e regular as nossas emoções, e saber ou não administrá-la provoca um impacto fortíssimo (positivo ou negativo) nas dinâmicas de colaboração de uma equipe.

Mas por que você precisa desenvolver a inteligência emocional e proporcionar formas de a sua equipe fazer o mesmo? Porque no mundo dos negócios lidamos com pessoas; e as emoções são o fator determinante da qualidade de vida das pessoas, e têm reflexo imediato nos seus resultados.

Se alguém da sua equipe fosse criticado por algo que acreditava que seria elogiado, como essa pessoa reagiria? Com medo e submissão ou defenderia seu trabalho? Ela conseguiria ocultar o que estava sentindo e agiria "profissionalmente"? Ou ficaria nitidamente insatisfeita e seria vista daí para frente comentando com um e com outro sobre como se sente injustiçada?

Se você tivesse que confrontar sua sócia ao descobrir que ela fez um investimento significativo na aquisição de algum material ou produto, sem ter discutido isso com você, isso deixaria você desconfortável, mas ainda assim seria possível ouvir os motivos dela ou provocaria o fim da sociedade?

Eu quero que você reflita um pouco diante desses questionamentos. Se for necessário, pare um pouco a leitura. Traga à sua memória situações recentes ou não em que experimentou um certo desgaste emocional. Responda: você agiria da mesma maneira se tivesse o hábito de desenvolver sua inteligência emocional?

Agora, volto a perguntar: qual é o significado da inteligência emocional no seu negócio? Qual a importância fundamental de desenvolver essa habilidade no seu *business*? Como as maiores organizações estão enfatizando esse conhecimento junto aos seus funcionários, gestores ou até mesmo na diretoria?

Algumas pessoas não têm conhecimento sobre esse assunto, outras têm apenas um entendimento parcial e há quem pense que se trata de autoajuda. Por isso, convido você a conhecer sempre mais sobre o poder da inteligência emocional e como isso é determinante para aumentar seus resultados, para aumentar seu desempenho, para aumentar o seu faturamento e para aumentar o crescimento da sua organização.

Em 1995, Daniel Goleman escreveu o *best-seller Inteligência Emocional*. Nele, o autor ensina que essa habilidade é pautada na capacidade de reconhecer emoções – tanto as próprias quanto as das outras pessoas com quem nos relacionamos – e, principalmente, saber gerenciar a resposta a essas emoções.

Desenvolver a inteligência emocional vai permitir que você e sua equipe se adaptem a mudanças, tenham autoconfiança e segurança, controle emocional e automotivação para alcançar metas. Esses fatores levam ao poder de influência fundamental para mudar positivamente qualquer ambiente, seja ele seu trabalho, sua liderança, suas vendas ou sua vida pessoal.

Mas, como a inteligência emocional funciona na prática e, principalmente, nos negócios?

Tente se lembrar agora de um momento de sucesso que você já experimentou. Traga à memória os momentos em que você se sentiu motivado e feliz em uma situação de trabalho. Por mais que você tenha usado técnicas para alcançar esse resultado, o que você sentiu nesses momentos não tem nada a ver com o racional, mas com o cérebro emocional.

A psicologia positiva chama esse estado de "*flow*" ou "fluxo" e ele só pode ser desfrutado por meio da inteligência emocional. Quando você entra em "*flow*", sente que há um alinhamento entre aquilo que você faz e aquilo que você sente. E você é tomado de alegria e otimismo.

Quando você se compromete a regular suas emoções e envolvê-las ao seu propósito, obtém resultados extraordinários!

Inteligência emocional nas relações interpessoais

Quando uma pessoa é intransigente, e se vê como aquela que é dona da verdade, ela afasta as pessoas – seja nas vendas, nas negociações ou no gerenciamento de equipe. Ao desenvolver o poder da inteligência emocional nas suas relações interpessoais, você tem a capacidade de se relacionar melhor com outro e trazer pessoas fortes para o seu time. Isso porque você constrói relacionamentos fortes, com pessoas que estão ali com você, como parceiros e não como concorrentes ou adversários.

O cientista americano Robert Sapolski escreveu no livro *Por que as Zebras Não Têm Úlceras* uma analogia entre as zebras e os seres humanos. As zebras, ao sentirem a proximidade de um leão, correm e fogem. Mas, se uma delas for a presa do leão, as outras voltam a se alimentar naturalmente, já que o caçador está alimentado e logo estará deitado, fazendo a digestão.

Claro que essa escolha se relaciona aos instintos animais, mas tal analogia pode demonstrar como é importante saber lidar com as emoções. Como seres emocionais, nós também precisamos aprender a lidar com o estresse e as frustrações da vida cotidiana. A inteligência emocional nos ajuda a fazer isso de modo saudável e eficaz.

A inteligência emocional aplicada nas relações interpessoais promove a habilidade de entender as outras pessoas e suas respectivas motivações. Somente a partir dessa compreensão podemos nos tornar capazes de trabalhar de maneira cooperativa com elas.

Inteligência emocional na comunicação

Líderes que têm bom desempenho nas habilidades sociais da inteligência emocional são excelentes comunicadores. Eles estão tão abertos a ouvir más notícias como estão para boas notícias. Eles são especialistas em obter sua equipe para apoiá-los e incentivá-los a ficarem animados com uma nova missão ou projeto. Líderes que têm boas habilidades sociais também são bons em gerenciar mudanças e resolver conflitos diplomaticamente.

No desenvolvimento da inteligência emocional nós nos tornamos capazes de entender que o estado emocional interior não precisa corresponder à expressão exterior. Não estou sugerindo que você comece a fingir algo que verdadeiramente não sente. Mas o conhecimento adquirido neste livro de Goleman me permite entender que somos capazes de regular nossas emoções e, em níveis mais maduros, entender que aquilo que expressamos, ou seja, nosso comportamento emocional expresso pode ter impacto sobre outra pessoa (e vice-versa). Isso nos capacita a estabelecer estratégias mais eficazes de autoapresentação.

Inteligência emocional na liderança

> *"Os neurônios-espelho têm uma importância particular nas organizações porque as emoções e as ações dos líderes induzem os seguidores a espelhar tais sentimentos e feitos."*
> (Daniel Goleman, Liderança – A Inteligência Emocional na Formação do Líder de Sucesso)

Líderes que têm inteligência emocional correndo em suas veias são líderes que inspiram equipes, que motivam seu time, atraem mais clientes e estão sempre em crescimento e expansão, pois sabem perceber se sua equipe está na mesma sintonia que eles. É o próprio Daniel Goleman que diz que "o ideal é que pessoas trabalhando em equipe estejam em sintonia mútua. As equipes de desempenho máximo têm grande harmonia e certas normas para preservar essa harmonia."

Se você está na gestão de um negócio permeado de conflitos, principalmente por causa de pessoas negativas, isso vai refletir diretamente no desempenho, no faturamento e no crescimento desse negócio.

Não é viável que uma pessoa com uma mentalidade positiva de expansão, crescimento e visualização do seu negócio tenha um time totalmente negativo diante daquilo que ele está exercendo.

Quando você começa a gerenciar esses conflitos por meio do poder da inteligência emocional, vai trazer as pessoas do seu time para mais perto. E ao invés da equipe olhar para os conflitos de maneira negativa, terá uma visão de aprendizado.

Imagine que duas sócias, de temperamento opostos – uma é agitada e quer tudo para ontem; outra é mais serena e gosta de tudo planejado. Se não tiverem o poder da inteligência emocional aplicada nos negócios, elas vão estar sempre em confronto; uma jogando para a outra.

Ambas precisam entender que cada uma tem seu papel no crescimento desse negócio, que precisa de uma pessoa imediatista, que é aquela que traz clientes; e outra, mais cautelosa, que organiza o negócio. São sócias que se completam. Mas sem a inteligência emocional, elas só terão olhos para o conflito que será permanente entre elas.

Contudo, você só vai ajudar seu time a entrar em estado de *flow* se conseguir entender quais são as motivações (pessoais e profissionais) de cada um deles. Para isso, você precisa se relacionar com a sua equipe, antes de se relacionar com o seu público. De nada vai adiantar se você tem uma ótima comunicação com seu cliente, mas destrata seu funcionário na frente dele.

Os pilares da inteligência emocional aplicados aos negócios

> *"Todas as grandes coisas vêm de pequenos começos. A semente de todo o hábito é uma decisão única e minúscula. Mas à medida que essa decisão é repetida, um hábito brota e se fortalece."*
> *(James Clear)*

Segundo Daniel Goleman, a inteligência emocional tem cinco pilares, os quais veremos aqui já aplicando-os ao *business*.

1 – Autoconsciência

Saber quem você é, suas fraquezas, pontos fortes e os gatilhos que disparam suas emoções, sendo capaz de dar nome ao que você está sentindo. Isso é importante para se relacionar com sua equipe, seus clientes e seus fornecedores.

2 – Controle de impulsos

Ao identificar seus gatilhos emocionais, você pode desviar o foco da situação antes de ela provocar um conflito. Isso permite que você identifique como entende e como percebe cada situação. À medida que avançar nesta prática, saberá o mesmo a respeito das pessoas com quem você se relaciona, tanto em âmbito profissional como pessoal.

3 – Empatia

Empatia é emprestar sua mente e seu coração para o outro, para que você possa saber o que ele pensa e como se sente para pensar o que pensa e, consequentemente, agir como age. Isso envolve o seu time e os seus clientes.

4 – Habilidade social

Apesar de únicos, nenhum de nós tem capacidade de viver só; somos partes de um mesmo corpo, de um organismo maior chamado coletividade. Desenvolver habilidades interpessoais vai promover relações saudáveis e permitir que você transite entre os vários grupos sociais, compreendendo-os e se relacionando bem com eles. Isso produz interações fundamentadas no respeito e garante um ambiente positivo, capacitando você a se comunicar, influenciar, persuadir pessoas e gerenciar conflitos.

5 – Automotivação

A inteligência emocional liberta você da necessidade de uma motivação ou reconhecimento externo. Claro que isso não significa que você vai "anestesiar" suas emoções, mas exercerá domínio sobre elas, já que elas estão fundamentadas dentro e não fora de você.

Concluindo

Suas emoções vão definir a qualidade da sua performance e dos seus resultados. Os frutos da inteligência emocional estão enraizados no seu comprometimento em reconfigurar seus comportamentos, pensamentos e hábitos ineficazes, substituindo-os por práticas conscientes e intencionais, usando as suas emoções a seu favor.

Referências

GOLEMAN, D. *Inteligência emocional – a teoria revolucionária que redefine o que é ser inteligente*. São Paulo: Ed. Objetiva. 1996.

LAKHIANI, V. *O código da mente extraordinária*. São Paulo: Ed. Figurati, 2017.

MURPHY, J. *O poder do subconsciente*. São Paulo: Ed. Best Seller, 2019.

ROBBINS, A. *Poder sem limites*. São Paulo: Ed. Best Seller, 2017.

23

POEMAS EMOCIONALMENTE INTELIGENTES
CONTROLE EMOCIONAL POR MEIO DE POEMAS HAIKU

Poemas emocionalmente inteligentes podem transformar uma emoção em poesia. Você pode fazer isso usando poemas Haiku.

RAUL FLORES CASAFRANCA

Raul Flores Casafranca

Graduado em Administração de Empresas com segunda especialidade em Comportamento Humano e Desenvolvimento Organizacional, Faculdade de Psicologia da Universidade Nacional Federico Villarreal, Lima-Peru. Mestre em Neurociências e Biologia Comportamental pela Universidade de Múrcia-Espanha. Mestre em Resolução e Mediação de Conflitos, Universidade Europeia do Atlântico-Espanha. Diploma em Neuropsicologia, Universidade Científica do Sul.

Coach credenciado pela ICF e certificado pela ICC (International Coaching Community São Paulo- Brasil). *Coach* para Valores certificado pela C x V. Psicoterapeuta e Análise Transacional

Professor de pós-graduação da Universidade Privada do Norte e outras universidades renomadas do Perú. Palestrante internacional no Peru, Brasil, Canadá e México. Coautor do livro *Coaching* familiar da Editora Literare Books International. Proprietário da empresa Green River Business & Management.

Contatos
www.greenriverpnl.com
rafcasafranca@pnlgreenriver.com
51 95897 5698

O que aconteceria se pudéssemos transformar uma emoção em poesia? Qualquer emoção. Chame isso de raiva, tristeza, alegria ou surpresa... Todas as emoções têm uma presença necessária e adaptativa em nossas vidas, então o que nos impede de recebê-las conscientemente e acolhê-las com o carinho que merecem? Quando uso o termo de modo consciente, lembro ao leitor que nossas emoções são inconscientes, não são planejadas antecipadamente e de modo consciente; nossas emoções são simplesmente emoções e cumprem sua função de nos preservar... à sua maneira. Isso tem sido o caso desde tempos imemoriais, desde quando nossos ancestrais viviam na savana e nas cavernas. Não mudamos muito desde aquela época, tecnologia não significa evolução emocional. Somos iguais, só que agora usamos paletó e gravata ou salto alto e batom.

A poesia Haiki é como colocar o Universo em apenas três versos. Não é ótimo? Estamos e vivemos rodeados do Universo, tudo o que observamos é o Universo, as paisagens, as flores, os pássaros, as estações, as árvores e a neve, o sol e as sensações, os cheiros e sabores, enfim, tudo.

É assim que os japoneses param em uma trilha na floresta ou talvez em um parque, ou em frente ao mar observando a mudança de uma estação para outra, ou quem sabe, observando o voo de um pássaro ou de uma borboleta e captando isso, momento, aquele pedacinho do Universo... se transforma em um poema Haiku.

Do ponto de vista neurológico, vale ressaltar que em nosso circuito cerebral, diante de um evento, existem dois caminhos neuronais, um que leva muito rapidamente a informação ao complexo amigdaloide e outro que demora um pouco mais e leva a informação para a região mais moderna do nosso cérebro: o neocórtex. A ideia é que além de recebermos as emoções com o carinho que elas merecem, possamos evitar a reação precipitada do complexo da amígdala e que, por meio dos poemas Haiku, possamos dar tempo ao segundo mensageiro, que certamente nos trará respostas mais oportunas.

O poder da inteligência emocional

Criar um poema é arte, e a estrutura dos poemas Haiku é como uma linda casa de três andares construída de maneira artística; só que em vez de tijolos é construída com palavras, cada andar da casinha é uma linha de palavras e cada linha consiste em um certo número de sílabas; então temos que a primeira sílaba consiste em cinco sílabas, a segunda linha em sete e a terceira linha em cinco sílabas também.

Deixe-me dizer-lhe que os poemas Haiku que você terá a oportunidade de ler neste capítulo foram escritos na íntegra em momentos de tensão emocional, ou seja, em diferentes circunstâncias do dia ou da noite. Por exemplo, nos momentos de tristeza, no meio de um engarrafamento, numa conversa alta, num mal-entendido, esperando ser atendido em um estabelecimento, esperando uma resposta telefônica enquanto uma voz da agora tão na moda inteligência artificial me atende ou em momentos de muita alegria também, como quando brinco com Bastian, meu amado netinho ou quando corro longas distâncias cheio de alegria em alguma floresta canadense ou quando corro em uma praia do meu país, Peru, só para citar alguns momentos de presença emocional.

Quero dizer também que, como contexto, você encontrará um breve comentário sobre o momento em que cada poema foi criado. Não fui equitativo nem proporcional quanto ao número de poemas por emoção, eles simplesmente surgiram, nem mantenho uma ordem alfabética emocional, pois as emoções se aproximam de nós a qualquer momento. Simplesmente me permiti estar atento a cada emoção para poder captar nos poemas. A ideia, como mencionei no início, é acolher com o carinho e a arte que cada emoção merece.

Além disso, as emoções consideradas correspondem às emoções mencionadas por Daniel Goleman no Anexo A – O que é emoção? do seu famoso livro *Inteligência Emocional*. Vale lembrar que são as seguintes: raiva, tristeza, medo, alegria, amor, surpresa, aversão e vergonha. Os poemas originais foram escritos na minha língua materna: espanhol, talvez alguns poemas escritos em português consideram mais ou menos sílabas, dependendo da tradução.

Quero começar com um poema Haiku de felicidade. Esse poema foi escrito no final de uma manhã de verão no hemisfério norte, no Canadá. Eu e minha família estávamos esperando meu netinho sair da escola, era praticamente um dos primeiros dias que ele frequentara a escola. Isso me deixou muito sensível, confesso que até chorei na primeira vez que o deixamos. Por esse motivo, decidimos esperar três longas horas para ele sair em um refeitório perto da escola. Lembro-me de que olhei para o relógio e percebi que faltava apenas meia hora para ele sair, tão cheio de alegria que escrevi o seguinte:

> Hortons[1] e café
> Nós olhamos para o nosso relógio
> Bastian vai sorrir

Quando comecei a aplicar poemas Haiku, comecei essa experiência em minha vida pessoal, tanto que, na atualidade, diante de cada emoção, surge conscientemente um poema Haiku. Posso então afirmar em um poema o seguinte:

> Eu tento sozinho
> quebra-mar de pedra
> acalme minha tristeza

Nesse mesmo dia, depois de muitas emoções vivenciadas, a noite chegou, com toda a sua calma. Tive um reflexo de amor e gratidão por tudo o que havia vivido, como oração escrevi o resumo de um dia inteiro em um poema Haiku:

> Olhe dentro
> agitando água
> mãos para o céu

O poema a seguir foi escrito em um voo do Panamá para Toronto. Estávamos sobrevoando o Caribe em uma noite de tempestade. O avião tremia devido à turbulência. Eu não conseguia me mover, o cinto de segurança valia a redundância, era a única coisa que me deu segurança. Naquele momento e com base na experiência do momento, consegui criar mentalmente o seguinte poema Haiku:

> Corda temperada
> tensão elástica
> Coração no carrossel

Ao trabalhar no contexto de negociação, muitas vezes a outra parte considera a provocação dentro de sua estratégia para buscar uma reação emocional de raiva que possa nos levar a tomar decisões erradas ou talvez obter uma resposta precipitada. Nesse sentido, dentro da minha estrutura subjetiva, o que

---

[1] Hortons é o nome da cafeteria no Canadá.

faço, nesse momento, é criar um poema Haiku. Metaforicamente transformo emoções em corcéis aos quais submeto usando a arte de pensar:

> Redes e cordas
> segurando cavalos
> arte e pensamento

A raiva tem a particularidade de elevar imediatamente a pressão arterial. Como transformar aquele momento complexo em um poema Haiku?:

> Maré alta
> areia coberta
> nuvens pesadas

Uma palavra, um gesto, irrita ou entristece a nossa alma e a nossa pele, é como:

> Vulcão falante
> lava incandescente
> alma ferida

Emoções como raiva, tristeza e medo geram climas de tensão. Esses climas podem surgir dentro de uma casa ou dentro do escritório. Um poema Haiku pode sintetizar e redefinir as emoções que surgem nesse contexto:

> Silêncio frio
> os sinos tocam
> lua escura

Muitas vezes dizemos que esta ou aquela emoção "subiu à nossa cabeça"; é nesse momento que o nosso rosto ganha uma cor intensa. Certa ocasião, ao sentir raiva, escrevi o seguinte poema Haiku:

> Eu cubro meus olhos
> o vermelho do tomate
> rosto no calor

"Eu estava congelado" é uma afirmação frequentemente utilizada diante de um impacto emocional. Talvez seja até incômodo sentir aquele aspecto somático. Por meio de um poema Haiku é possível transformar aquela situação somática em uma composição racional:

>Inverno frio
>eu abraço minhas memórias
>luz apagada

Uma emoção furtiva é o amor. Defino o amor como todos os sentidos alinhados; neste caso específico, a experiência emocional começou com o sentido da visão, depois o fogo se espalhou pelo sentido do tato e finalmente fez o corpo explodir, incluindo os sentidos de interocepção e propriocepção:

>Lábios mordidos
>donzela feiticeira
>mundo interior

Existem Líderes, com L maiúsculo, admiramos suas atitudes, sua linguagem, movimento; às vezes nos surpreendem:

>Ele é arrogante
>a terra se move
>é um prazer visual

Bibliograficamente falando, uma das primeiras emoções mencionadas em Gênesis, refiro-me à vergonha, acontece que quando sentimos essa emoção não sabemos onde nos esconder. É possível se esconder dentro de um poema Haiku?

>Folha de figo
>um lugar sob o sol
>traga-me terra

E a rotina, o caminho cotidiano que já sabemos de cor, um tanto desbotado e chato, nada de novo. Há algo que impeça de transformar esse momento em um poema Haiku? Bem, não, nada impede isso.

> Madeira velha
> areia movediça
> segunda-feira cedo

E quanto aos engarrafamentos nas grandes cidades? Já aconteceu com você que por ter saído de casa cinco ou dez minutos atrasado, viu-se em um superengarrafamento? E o que sentimos? Em uma dessas situações, escrevi o seguinte poema Haiku:

> Como bolhas
> artéria esclerosada
> chegarei tarde

As palavras podem ser como uma martelada constante que pode nos levar à raiva. Porém, lembremos que uma martelada constante forja uma bela espada. Por isso, em uma ocasião como a descrita escrevi o seguinte poema Haiku:

> Metal polido
> martelo ressonante
> batida final

E os bebês, assim como riem alto, também choram e muito alto. Imaginei meu neto como se fosse um barítono. Ele estava ligado, com o rosto vermelho e a boca aberta como se estivesse cantando. Isso me levou a escrever o seguinte poema Haiku:

> Vermelho quente
> cantando barítono
> chore meu amor

Um dia, andando pelo centro de Toronto, observei um homem orando sentado em uma avenida movimentada. Ele estava olhando para o chão e de repente olhou para o céu. Esta foi minha inspiração para criar este poema Haiku:

> Sentada maluca
> observando o chão
> e ele disse: céu!

E às vezes as coisas fogem do controle, pensamentos e emoções se misturam como duas correntes de temperaturas diferentes:

> Um redemoinho
> rebanho em desordem
> postura curvada

A vida vertiginosa é como um vendaval, amortece nosso ânimo e pode até nos fazer chorar; porém, podemos direcionar momentos de tristeza por meio de um poema Haiku:

> Soprando ar
> Vela que se apaga
> Gota de chuva

As emoções certamente não são pecados; e sentir aversão não é pecado, simplesmente nos protege de estar perto de alguém que poderia nos prejudicar. O que nos impede de dedicar um poema Haiku a alguém que é tóxico para nós?

> Vidro opaco
> cegueira e lágrimas
> o submundo de Dante

24

EQUILÍBRIO EM MEIO AO CAOS
LIDANDO COM OS DESAFIOS SOCIAIS POR MEIO DA INTELIGÊNCIA EMOCIONAL

Cada dia nos coloca à prova, desafiando nossa paciência e resiliência diante de um turbilhão de estímulos. Diversos gatilhos moldam nossos pensamentos e ações. A reflexão sobre impulsos é vital para o autoconhecimento, o controle emocional e a empatia. Este capítulo mergulha nesse processo reflexivo, fundamental para uma convivência mais empática e harmoniosa em meio aos desafios urbanos e virtuais. Abordando práticas, trazendo narrativas e a intenção sincera de apoiar sua jornada rumo à melhor versão de si mesmo.

ROSANA ALCINE

Rosana Alcine

Graduada em Letras e pós-graduada em Recursos Humanos e Gestão de Negócios pela USJT (Universidade São Judas Tadeu), possui MBA em Administração de Empresas pela FGV (Fundação Getulio Vargas), extensão internacional pela University of California – Irvine e mestrado em Administração de Empresas pela FECAP (Fundação Escola de Comércio Álvares Penteado). Na esfera do comportamento humano, possui formações destacadas, como *Business Practitioner* pela Sociedade Brasileira de PNL, facilitadora DDI pela Development Dimensions International (Dallas – EUA), *Coach* de Inovação pela SIT (Systematic Inventive Thinking®) e *Personal and Executive Coach* pelo ICI (Integrated Coaching Institute).

Com vasta experiência como executiva de Recursos Humanos em empresas nacionais e multinacionais, desempenhou papéis relevantes como membro científico da CBTD (Congresso Brasileiro de Treinamento e Desenvolvimento) e membro do Comitê de Mulheres Executivas da AMCHAM Campinas. É educadora, *Coach* e mentora dos programas Nós por Elas, do IVG (Instituto Vasselo Goldoni), e Lideranças Empáticas, da FECAP, além de membro do Comitê Estratégico de Gestão de Pessoas da AMCHAM Nacional.

Contatos
rosana.alcine@gmail.com
LinkedIn: https://www.linkedin.com/in/rosana-alcine-viesa/

Conviver em sociedade apresenta seus inúmeros desafios, especialmente ao viver em uma grande cidade como São Paulo, que é meu caso. Somos testados diariamente, durante o trajeto ao trabalho, nas filas dos restaurantes, no transporte público lotado, entre outros momentos em que manter a paciência se torna difícil.

Seja em grandes metrópoles ou na avalanche que enfrentamos nas redes sociais, você já se sentiu incomodado com algo? Existe alguma situação em que você notou que, quando ocorre, pode levá-lo a falar ou fazer coisas de que depois se arrepende? Refletir cuidadosamente nossas respostas é essencial para aprofundar o autoconhecimento, gerenciar nossas emoções e aprimorar a compreensão das reações alheias.

Como disse Willian Ury, um dos especialistas em negociação mais conhecidos do mundo, somos seres reativos, respondendo emocionalmente a eventos externos. Nosso instinto primitivo de luta ou fuga pode ser acionado a qualquer momento em nosso cotidiano, como no trânsito, por exemplo, ao sermos ultrapassados de modo imprudente por outro motorista. Determinadas pessoas podem sentir o impulso de retribuir a ação e perseguir o motorista, outras podem xingar o indivíduo, e algumas podem simplesmente pensar que há algo grave para ele estar correndo assim, optando por deixá-lo seguir seu caminho. Qual costuma ser sua reação diante de episódios similares? É importante avaliar sua reação, refletir internamente se esse tipo de atitude o aproxima ou distancia da pessoa que você entende ou quer ser, se as experiências estão te fortalecendo ou enfraquecendo, te energizando ou drenando.

Conseguir frear essas reações é o exercício diário que precisamos realizar. Fortalecer esse músculo do gerenciamento das emoções é fundamental para uma abordagem mais equilibrada diante dos desafios do dia a dia.

A inteligência emocional, conceituada por Daniel Goleman, nos revela um conjunto de habilidades fundamentais para o sucesso social e profissional.

Reconhecer, entender e gerenciar emoções próprias e alheias são elementos essenciais dessa inteligência.

A seguir, podemos examinar alguns pontos que podem auxiliar no aprimoramento do gerenciamento das emoções e a compreender as emoções alheias.

Explorando o eu interior

Alguns se conhecem o suficiente para entender o momento e saber como reagir, enquanto outros se deixam levar pelo instinto primitivo. Quando passamos por qualquer evento de perda, alguns desejam recuperar o que perderam, enquanto outros querem fazer a pessoa sentir o que sentiram, e aí está o perigo.

Imagine um mapa secreto para desvendar seus mistérios internos. Isso poderá ser a chave para iniciar essa jornada, não só olhando para dentro, mas mergulhando profundamente em seus pensamentos, sentimentos e personalidade. Praticar a atenção plena, iniciar o registro cuidadoso de pensamentos e sentimentos, relembrar os feedbacks que recebemos, realizar testes psicológicos e de personalidade podem ajudar a desvendar camadas ocultas de nós mesmos.

No início dos anos 2000, li o livro *Janela de Johari* e achei um modelo bastante interessante para expandir a percepção sobre nós mesmos. Utilizei o modelo em muitos treinamentos realizados em empresas, sempre obtendo resultados interessantes. O modelo psicológico foi criado por Joseph Luft e Harry Ingham na década de 1950 e funciona como uma lente que nos permite explorar a dinâmica da comunicação, além de nos guiar em direção ao crescimento pessoal.

A seguir, você encontrará a representação gráfica da janela de Johari. Explore os diferentes quadrantes para compreender melhor como ela pode auxiliar na compreensão de sua própria personalidade e nos relacionamentos interpessoais.

	Conhecido por você	Desconhecido por você
Conhecido por outros	**EU ABERTO** — Informações sobre você que tanto você quanto os outros conhecem.	**EU CEGO** — Informações sobre você que você desconhece, mas os outros enxergam.
Desconhecido por outros	**EU ESCONDIDO** — Informações sobre você que você sabe, mas os outros não.	**EU DESCONHECIDO** — Informações desconhecidas tanto por você quanto pelos outros.

Figura adaptada pela autora

Olhando para essas áreas, o que se percebe são quatro janelas do mesmo tamanho, mas para cada pessoa esses quadrantes assumem proporções diferentes. Depende de quão aberta é a pessoa, de quanto os outros a conhecem e de quanto ela mantém em segredo sobre seus verdadeiros pensamentos e sentimentos. Essa parte secreta pode ser um fardo, forçando a pessoa a viver um personagem para manter uma aceitação imaginada ou evitar riscos ao se abrir.

Outros processos que podem te ajudar incluem cursos de autodesenvolvimento, liderança, processos de coaching, mentoria, esportes, música e em todos os campos em que o ser humano busca evolução. É o farol que ilumina o ponto de partida e guia na definição dos objetivos. Ignorar sua importância pode impedir o progresso desejado e uma melhoria significativa nas relações interpessoais.

Recentemente, assisti a uma live do master coach Paulo Viera e do especialista em performance Joel Jota falando sobre inteligência emocional. Destacaram o impacto do orgulho e como ele pode impedir alguém de se tornar um ser humano melhor. Eles enfatizaram que buscar a autoconsciência é deixar de lado a crença de que nos conhecemos o suficiente, abandonar a ideia de que não precisamos de mais ninguém e dar espaço para vivermos nossa melhor versão.

O poder do autocontrole

O autocontrole é a habilidade de lidar com nossas emoções e evitar reações impulsivas em momentos difíceis. É como um superpoder que nos ajuda a manter a calma quando as coisas estão complicadas. Quando nos sentimos ameaçados ou estressados, como mencionei anteriormente, nosso corpo ativa um mecanismo primitivo chamado "luta ou fuga". É como um alarme que dispara quando o cérebro detecta perigo. Essa resposta prepara nosso corpo para agir: o coração bate mais rápido, os pulmões se enchem de ar para dar mais energia aos músculos e o corpo libera energia adicional.

Na era primitiva, isso ajudava nossos antepassados a enfrentar perigos físicos, como animais selvagens. Hoje, mesmo diante de situações estressantes, como brigas ou prazos apertados, esse mecanismo ainda é ativado. O autocontrole nos ajuda a acalmar esse alarme interno, permitindo-nos lidar melhor com situações difíceis sem reagir de maneira impulsiva.

Vamos voltar à final da Copa do Mundo de 2006, entre França e Itália: o jogador italiano provocou o jogador francês, Zinedine Zidane, falando de sua família. Zidane poderia ter mantido o controle, pensando racionalmente, mas a emoção tomou conta. Ele reagiu dando uma cabeçada no peito do outro jogador. O resultado? Expulsão, multa e a reputação manchada diante do mundo todo. Esse episódio mostra como até mesmo uma pessoa experiente pode perder o controle emocional em um momento crucial e que a maturidade não vem com o tempo, mas com a forma como fortalecemos nossos músculos do gerenciamento de emoções.

No último Oscar, uma piada de Chris Rock sobre o cabelo de Jada Pinkett Smith desencadeou uma cena intensa. Jada sofre de alopecia, uma condição que causa a perda de cabelo. O comentário atingiu em cheio Will Smith, que subiu ao palco e deu um tapa na cara de Rock. Foi uma explosão de emoção intensa e não controlada, uma reação primitiva diante da piada feita sobre sua esposa. Em vez de lidar de maneira calma e controlada, Will Smith reagiu de forma explosiva, em um momento importante para os artistas e transmitido em rede mundial.

Portanto, ao deparar-se com situações que sinalizem uma possível reação impulsiva de seu organismo, é aconselhável questionar-se. Avalie se a resposta imediata será a escolha mais acertada. Esse processo de reflexão pode ser breve, mas ao condicionar antecipadamente as formas de agir diante de eventos que provocam desconforto, você estabelece um procedimento sólido para lidar com tais situações. Isso impede que seu instinto primitivo aja sem controle, proporcionando maior autodomínio e tomada de decisões mais conscientes.

A importância da visão de futuro na inteligência emocional

Motivação é a capacidade de estabelecer metas e perseverar, mesmo em meio a desafios. Uma história intrigante foi contada no programa da Fátima Bernardes sobre um rapaz da Zona Leste de São Paulo que ingressou na melhor universidade dos Estados Unidos. Quando questionado sobre como manteve seus sonhos apesar das adversidades, ele revelou que sua visão do futuro o impulsionava; ele sabia que seu presente não seria eterno. Projetando o futuro em sua mente, o que vivia diariamente, não o impactava.

Outra perspectiva interessante é reavaliar como sempre definimos o ambiente que estamos, trabalho, escola, lar etc. Einstein refletiu que nossa visão do mundo molda nossas relações: ao vê-lo hostil, é natural tratarmos os outros como inimigos; mas se o percebemos amistoso, tendemos a encarar os outros como potenciais parceiros.

Culpar a si mesmo ou aos outros gera conflitos, internos e externos. Assumir responsabilidade pela própria vida traz liberdade e paz, evitando atribuir, a terceiros, as reações que são fruto das nossas escolhas. As situações podem ser a pior ou melhor coisa que nos acontece; cabe a nós decidir.

Um exemplo tocante foi o caso de Dona Déa, mãe do comediante Paulo Gustavo, que morreu de covid-19 durante a pandemia. Apesar da dor imensurável, ela começou a participar do programa do Luciano Huck. Em um determinado domingo, perguntaram como ela conseguia seguir a vida após a perda do filho. Ela compartilhou que participar do programa a ajudava a superar a tristeza, pois decidiu como lidar com a situação vivida, mantendo uma visão positiva para se fortalecer diariamente.

Manter a visão de futuro reduz a influência de gatilhos externos, fortalecendo nossa inteligência emocional e permitindo reações mais equilibradas diante das experiências do dia a dia. Assim como um músculo, a inteligência emocional precisa ser exercitada e fortalecida. Alguns palestrantes falam em 21 dias para fortalecer um novo hábito, mas pesquisadores afirmam que não existe um prazo determinado; é importante incluí-lo em sua rotina com frequência e consistência.

Empatia e habilidades sociais: o caminho para uma inteligência emocional fortalecida

Desenvolver empatia é fundamental para aprimorar nossas habilidades sociais. Empatia é a capacidade de entender e reconhecer os sentimentos e perspectivas dos outros, colocando-se no lugar deles. Envolve ser sensível às emoções alheias, ouvir ativamente e ter consideração pelas experiências e necessidades dos outros. A reação de Chris Rock no episódio com o Will Smith levanta questões sobre a empatia e a consciência emocional. Embora o papel de Rock seja o de comediante e fazer piadas, a situação mostra a importância de avaliar o impacto emocional de suas palavras e a sensibilidade em relação aos limites do humor, especialmente em um ambiente público.

Enquanto se apresentava com seu sucesso "A Namorada" no Rock in Rio de 2011, Carlinhos Brown desceu em direção ao público e enfrentou uma série de agressões, incluindo garrafas sendo arremessadas, vaias, xingamentos e gestos ofensivos. Em resposta, o cantor afirmou ao microfone: "Só compartilho amor, não jogo nada de negativo para ninguém. Sintam-se à vontade para expressarem o que desejarem, pois sou um defensor da paz e nada me afeta". Sua habilidade de manter a compostura em um ambiente hostil demonstra controle emocional e resiliência. Sua atitude destaca a importância do autocontrole e da empatia em situações desafiadoras, mostrando que é possível manter a serenidade e o respeito por si mesmo e pelos outros em momentos adversos. Para Brown, pode ser algo mais natural; o fato não foi suficiente para o tirar do sério, mas para outro, poderia ser. Lembro-me de vários artistas que abandonaram o palco ao enfrentar algo semelhante.

Cultivar empatia é, portanto, uma base vital para um repertório eficaz de habilidades sociais. Isso nos permite criar conexões mais autênticas, compreender melhor as necessidades dos outros e responder de maneira mais adequada e compassiva às situações sociais. Ao trabalhar simultaneamente em ambas as áreas, fortalecemos nossa inteligência emocional e promovemos interações mais positivas e significativas em nossa vida pessoal e profissional.

Você no comando: escolhas, recomeços e a jornada pessoal

É chegada a hora de assumirmos o controle do nosso destino, cada decisão consciente que fazemos hoje esculpe o nosso amanhã. É o momento de reescrever a trama da nossa jornada emocional, fortalecendo a resiliência e transformando desafios em oportunidades para nutrir o equilíbrio e a compreensão. Vamos redesenhar nossa perspectiva em relação ao passado, cultivando narrativas de superação e estabilidade emocional em cada enfrentamento diário.

Embora os estímulos externos persistam ao nosso redor e o tumulto das grandes cidades continue a nos impactar, a verdadeira diferença será feita pelas escolhas que optamos por fazer e como decidimos enfrentar os desafios sociais. A ideia é recordar que a inteligência emocional é uma série de ações contínuas; cabe a nós aplicar as reflexões compartilhadas e observar nossa própria evolução. Podemos registrar os momentos em que escolhemos agir de maneira diferente do nosso passado, colecionando histórias de superação e trilhando o caminho em direção à nova identidade que queremos construir.

O futuro está nas nossas mãos, e cada passo que damos em direção ao nosso crescimento emocional é uma contribuição valiosa para construir uma vida mais plena e significativa. Se nos conhecemos melhor e ficamos atentos ao que nos incomoda, podemos escolher como agir. Então, vamos fazer as nossas escolhas e não viver à deriva. Estamos no comando.

Que a jornada seja cheia de aprendizados. Se errarmos, está tudo bem. A beleza de sermos humanos é que sempre temos uma nova chance de fazer diferente. Avance com coragem e determinação, construindo um amanhã que reflita a sua melhor versão.

Referências

DUHIGG, C. *Hábitos atômicos: um método fácil e comprovado de construir bons hábitos e quebrar os maus*. Rio de Janeiro: Objetiva, 2018.

FRITZEN, S. J. *Janela de Johari*. Rio de Janeiro: Vozes, 1992. p. 115.

GOLEMAN, D. *Inteligência emocional: a teoria revolucionária que define o que é ser inteligente*. Rio de Janeiro: Objetiva, 2001. (Tradução revista do original de 1995).

MICHELI, M. *Passado resolvido, futuro decidido*. Brasília: Editora do Autor, 2021.

URY, W. *Como chegar ao sim com você mesmo: aprenda a negociar consigo mesmo para alcançar o que você quer*. Rio de Janeiro: Sextante, 2015.

25

O VALOR DA INTELIGÊNCIA EMOCIONAL NAS CORPORAÇÕES E AS PRÁTICAS DE SUSTENTABILIDADE

Abordaremos o valor da inteligência emocional diante dos desafios profissionais e a relação com as práticas de sustentabilidade. Hoje, as empresas compreendem a relevância da saúde emocional e sua contribuição para o desenvolvimento da sociedade. As questões sociais permeiam os objetivos das empresas, trazem novas práticas e apontam perspectivas para o futuro das organizações.

ROSANA VAIANO

Rosana Vaiano

Psicóloga graduada pela Universidade São Judas Tadeu (2000), pós-graduação em RH na Gestão de Negócios pela Universidade São Judas Tadeu (2004) e Gestão Estratégica de RH pela Business School de São Paulo (2010). *Coach* certificada pelo ICI (International Coaching Institute – 2017) e especialização em Gestão de Cultura Organizacional pelo Values Barrett Centre (Crescimentum – 2018).

Carreira executiva desenvolvida em organizações nacionais e multinacionais de diversos segmentos e mais de 20 anos de experiência, liderando processos de transformação cultural e implementação de RH estratégico, transformando negócios, fazendo conexões da mentalidade digital e gestão de pessoas, com responsabilidade pelas áreas de recrutamento e seleção, remuneração e benefícios, treinamento e desenvolvimento, comunicação interna, qualidade de vida e sustentabilidade/ESG.

Contatos
rosanavaiano@terra.com.br
LinkedIn: https://www.linkedin.com/in/rosanavaiano/

> *"Inteligência emocional não é sobre eliminar as emoções, mas sim entender e controlar sua influência sobre nós."*
> Daniel Goleman

A inteligência emocional desempenha um papel fundamental na vida humana, tanto no âmbito pessoal quanto no profissional, em um mundo que está cada vez mais conectado e dinâmico. Essa habilidade pode influenciar positivamente diversos aspectos do nosso cotidiano.

No cenário do trabalho, a inteligência emocional é um diferencial competitivo. Autoconhecimento, empatia, habilidades de comunicação, resiliência emocional e autogerenciamento são características cada vez mais valorizadas pelas empresas, pois contribuem para a criação de ambientes saudáveis, gerando aumento da produtividade e inovação. Desenvolver essa competência pode alavancar a carreira e é fundamental para contribuir para o crescimento sustentável das organizações.

A habilidade de identificar nossas emoções, compreender suas causas e consequências, e utilizar estratégias adequadas para administrá-las é fundamental para nossa saúde mental e bem-estar.

Mas o leitor pode estar se indagando: Como posso desenvolver essa competência? Que caminhos devo percorrer para trabalhar minhas emoções em ambientes desafiadores? Por que algumas pessoas lidam melhor que outras em situações complexas?

O que devemos saber é que esta é uma competência que pode ser desenvolvida. Há diversas formas de encontrar equilíbrio e as soluções podem ser diferentes para cada um.

É importante reconhecer que as mudanças nas dinâmicas de trabalho, as exigências de aprendizado constante e a busca por performance podem impactar a saúde mental e emocional das pessoas.

É por isso que falaremos, neste capítulo, sobre o valor da inteligência emocional no ambiente corporativo e sua relação com a sustentabilidade no mundo dos negócios.

Ressonância e inteligência emocional

Podemos afirmar que alguns empresários e administradores ainda veem as emoções no local de trabalho como ruídos que atrapalham a produtividade das empresas.

Já é possível observar uma quebra no velho paradigma que mantinha as empresas ocupadas apenas em gerar emprego e lucro, e deixava as questões sociais e ambientais a cargo de ONGs e do poder público. Felizmente, a ideia de que as emoções são irrelevantes para o mundo profissional tem ficado para trás, especialmente após a pandemia, que despertou o cuidado com a saúde mental.

Nos últimos anos nota-se a valorização do investimento das empresas na preparação de seus líderes para a manutenção de ambientes saudáveis. Como Daniel Goleman explora em seu livro *O Poder da Inteligência Emocional – como liderar com sensibilidade e eficiência*, a principal função de um líder é inspirar bons sentimentos em seus liderados e isso ocorre quando o líder cria ressonância – um estoque de positividade que libera o que há de melhor nas pessoas.

Goleman destaca nesta obra que, em seu nível mais profundo, a missão primordial da liderança é emocional. É por essa razão que a inteligência emocional – ser inteligente a respeito das emoções – é tão importante para uma liderança bem-sucedida.

Trazendo uma reflexão prática, é comum ter notícias de adoecimento de todas as ordens: saúde mental e física esgarçadas, pessoas silenciadas, relacionamentos abusivos por parte dos líderes, *burnout* como sintoma da entropia cultural, depressão como consequência de estresse, culturas paternalistas que minimizam o potencial das equipes etc. Talvez isso explique os afastamentos e o *turnover* nas organizações.

De acordo com dados da Associação Nacional de Medicina do Trabalho (Anamt), aproximadamente 30% dos trabalhadores brasileiros sofrem com a síndrome de *burnout*, uma doença ocupacional reconhecida e classificada pela Organização Mundial da Saúde (OMS) em 2022. Atualmente, o Brasil é o segundo país com mais casos diagnosticados no mundo (JORNAL DA USP, 2023).

Parece óbvio que os estados de espírito e as ações dos líderes têm impacto nos liderados e que uma liderança preparada emocionalmente tem a capacidade de inspirar, desenvolver a busca por conhecimento, gerar entusiasmo e manter as pessoas engajadas.

Cabe às organizações perceberem os benefícios de um ambiente saudável, cultivando líderes que gerem a ressonância emocional necessária. Ainda assim, apoiar o desenvolvimento dessa habilidade é vital para a própria empresa e, exponencialmente, para toda uma economia.

As habilidades profissionais do futuro

O Fórum Econômico Mundial (*World Economic Forum – WEF*) tem destacado a necessidade de habilidades socioemocionais, incluindo a inteligência emocional, como parte dos requisitos atuais e futuros para os profissionais até 2025, além de estar diretamente ligado a um dos Objetivos de Desenvolvimento Sustentável das Nações Unidas para a Agenda 2030, o ODS 3, que trata de assegurar uma vida saudável e promover o bem-estar para todas e todos, em todas as idades.

As habilidades destacadas para os profissionais do futuro estão relacionadas à gestão de pessoas e habilidades comportamentais. Além da inteligência emocional, a resolução de problemas complexos, a resiliência, a tolerância ao estresse e a flexibilidade estão entre as habilidades citadas.

A inteligência emocional está intrinsecamente ligada ao futuro do trabalho, à medida que as habilidades interpessoais e emocionais desempenham um papel significativo na promoção dos princípios ESG (*Environmental, Social and Governance*), contribuindo para uma abordagem mais sustentável e socialmente responsável nos negócios.

Competências essenciais que permeiam inteligência emocional

Ser inteligente emocionalmente é saber reconhecer, compreender e gerenciar as próprias emoções, bem como também saber lidar de modo eficaz com as emoções dos outros. Considerando esse conceito, no contexto do mundo corporativo, quatro competências são fundamentais para desenvolver e demonstrar a inteligência emocional:

1. Autoconhecimento: entender as próprias emoções, motivações, pontos fortes e limitações. Conhecer-se bem traz consciência de suas potencialidades alinhadas aos valores e objetivos pessoais.

2. Autogerenciamento: capacidade de controlar impulsos, lidar com pressão e estresse, manter a positividade e o equilíbrio, ser flexível e adaptável às mudanças, ou seja, ser resiliente. Essa competência é essencial para atuação em ambientes complexos, dinâmicos e em constante transformação.
3. Consciência social: entendimento das emoções dos outros, empatia e habilidade de relacionamento interpessoal. Essa competência é fundamental para construir e manter relacionamentos sólidos, liderar equipes e colaborar em ambientes de trabalho diversos e inclusivos.
4. Gestão de relacionamentos: construção e manutenção de relacionamentos saudáveis e produtivos. Inclui habilidades de comunicação eficaz, resolução de conflitos e trabalho em equipe.

Ações práticas no desenvolvimento da inteligência emocional

Destacarei algumas ações práticas que considero mais relevantes no desenvolvimento da inteligência emocional:

- O primeiro passo é compreender a si mesmo, ou seja, trabalhar a autoconsciência é um exercício muito importante para obter inteligência emocional.
- Um segundo passo é trabalhar a autoconfiança. Entendendo suas emoções e sentimentos; é importante considerar os aspectos positivos do seu comportamento, sem deixar de reconhecer as fragilidades, evitando percepções negativas sobre as suas próprias habilidades.
- Em seguida, é importante aprender a desenvolver a empatia, que é a capacidade de se identificar com outra pessoa, de sentir o que ela sente. É uma forma de mostrar-se aberto a entender a realidade do outro e considerar outras formas de ver o mundo.
- Praticar uma comunicação mais clara também é fundamental, seja ela verbal ou escrita. Uma comunicação agressiva ou muito passiva pode ter um efeito muito negativo e imprimir uma imagem negativa.
- Desenvolver a capacidade de persuasão também é uma habilidade relevante. Ser capaz de transmitir ideias e argumentar a favor de algo benéfico à empresa ou a um grupo é uma competência muito valorizada no ambiente organizacional.
- Saber receber críticas e ampliar a escuta ativa podem ajudá-lo a superar obstáculos e se recuperar rapidamente das adversidades, tornando-o resiliente em situações complexas. No trabalho e na vida pessoal, é preciso ser resiliente para suportar situações estressantes, de pressão e cobrança por resultados. Sendo resiliente, você será capaz de identificar oportunidades em momentos desafiadores.

Boa parte dessas habilidades podem ser desenvolvidas usando a terapia individual como ferramenta de autoconhecimento. Conhecer sua mente e suas emoções é tão relevante quanto ter saúde física. Treinamentos comportamentais e apoio de profissionais conhecidos como coachs também podem ser alavancadores do desenvolvimento de novas competências, mas cabe ressaltar que, se o indivíduo não estiver realmente comprometido nesse processo, as ações propostas não terão o sucesso esperado.

Então, qual é a conexão entre inteligência emocional e ESG?

Até aqui, parece que a responsabilidade pelo desenvolvimento da capacidade de ser inteligente emocionalmente recai somente ao indivíduo, mas o ambiente e o contexto que o indivíduo vivencia podem ter influência positiva ou negativa no desenvolvimento da inteligência emocional.

Ao basear a sustentabilidade como estratégia de gestão, as empresas devem adotar uma forma diferenciada de fazer negócios, incorporando a cultura consciente da companhia em todos os seus produtos ou serviços, buscando melhorar seus processos internos para reduzir os impactos que possam estar gerando ao meio ambiente e à sociedade, criando, assim, uma agenda sustentável.

Esse novo conceito de companhia que integra em seus valores as três esferas da sustentabilidade (ambiental, social e econômica), além de incluir o domínio da governança e da inovação, alcança resultados intangíveis e enquadra-se em um novo conceito de gestão de negócios: são as empresas conscientes.

O tema tem sua origem no capitalismo consciente, conceito apresentado por Mackey e Sisodia (2018), no qual demonstram que é possível as empresas trabalharem a favor da criação de valor para seus *stakeholders* (partes interessadas), gerando lucros e aumentando mercados.

Segundo os referidos autores, o capitalismo consciente é um paradigma em desenvolvimento para os negócios que buscam criar, simultaneamente, diferentes tipos de valor e bem-estar para todas as partes interessadas: financeiro, intelectual, físico, ecológico, social, cultural, emocional, ético e até mesmo espiritual.

As empresas conscientes investem em práticas de ESG (do termo em inglês *Environmental, Social and Governance*) para o alcance de seu propósito maior, avaliando como as suas atividades podem impactar de maneira positiva a vida das pessoas, ao mesmo tempo que têm cuidado com a sociedade e com o meio ambiente. O resultado financeiro é consequência desse modelo.

Nesse novo conceito de gestão de empresa, o ESG passa a ter congruência entre prática e teoria, ou seja, prevalece o bem-estar de colaboradores, que não são mais vistos como meros recursos para alcançar resultados, mas, sim, vidas que se engajam num objetivo comum, numa realização conjunta de entrega à humanidade e construção coletiva de uma sociedade mais equitativa e inclusiva (Social do ESG).

Por isso, o propósito das práticas de ESG no âmbito dos negócios é contribuir com a promoção de produtos e serviços que façam a diferença na vida de seus clientes, potencializando esses benefícios por meio da inovação, seja ela tecnológica ou não, e ampliando sua responsabilidade na elevação do potencial e das habilidades humanas, tornando as empresas protagonistas na transformação do mundo com um propósito mais sustentável.

Conclusão

Assegurar uma vida saudável e promover o bem-estar para todos e todas, em todas as idades, sem dúvida, é um objetivo nobre.

Uma abordagem integrada de desenvolvimento da inteligência emocional no trabalho certamente pode contribuir para enfrentar os desafios corporativos modernos.

A promoção de estratégias de autocuidado, o suporte psicológico e a criação de ambientes de trabalho que valorizam a saúde emocional são aspectos cruciais para enfrentar as possíveis causas de estresse e doenças ocupacionais.

A inteligência emocional desempenha um papel crucial em nossas vidas, proporcionando benefícios tanto na esfera pessoal quanto profissional. Desenvolver essa habilidade nos permite construir relacionamentos saudáveis, lidar de maneira equilibrada com as adversidades e potencializar nosso desempenho. Portanto, é fundamental investir no desenvolvimento da inteligência emocional como um guia nessa jornada de autodescoberta e crescimento pessoal.

Precisamos falar de saúde mental cada vez mais nas empresas, com uma abordagem profunda. Criar ambientes que despertem o melhor nos indivíduos e onde saúde e felicidade sejam produtos, propiciando, assim, a inovação.

Referências

GOLEMAN, D.; BOYATZIS, R.; McKEE, A. *O poder da inteligência emocional: como liderar com sensibilidade e eficiência*. Tradução Berilo Vargas. Rio de Janeiro: Objetiva, 2018.

GOLEMAN, D.; BOYATZIS, R. E.; McKEE, A. *Primal Leadership: Unleashing the Power of Emotional Intelligence*. Harvard Business Review Press, 2016. 336 p.

JORNAL DA USP. *Síndrome de burnout acomete 30% dos trabalhadores brasileiros*. 2023. Disponível em: <https://jornal.usp.br/radio-usp/sindrome-de-burnout-acomete-30-dos-trabalhadores-brasileiros/>. Acesso em: 2 mar. de 2024.

MACKEY, J.; SISODIA, R. *Capitalismo consciente: como liberar o espírito heroico dos negócios*. Rio de Janeiro: Editora Alta Books, 2018.

BATISTA, G. V. Sustentabilidade na 4ª RI: liderança com impacto e empresas conscientes. *Revista Gestão e Sustentabilidade Ambiental – UNISUL*. 2021, v 10. DOI: https://doi.org/10.19177/rgsa.v10e0202167-84

26

A IMPORTÂNCIA DA INTELIGÊNCIA EMOCIONAL NA AUTOLIDERANÇA E DEFINIÇÃO DO EU

A autoliderança é um guia que nos impele na direção de nossos objetivos e aspirações. A inteligência emocional (IE) é ferramenta integral da autoliderança, sem a qual é difícil entender quem somos e definir nosso eu. Aqui, discutimos o que é autoliderança, como a IE é parte essencial dela e como, a partir dela, podemos criar uma vida significativa para nós.

SHOBHA SANKARANKUTTY

Shobha Sankarankutty

Formada em Física. Pós-graduação em Astrofísica e Astronomia (UFRN). Trabalhei como astrônoma no Mount Stromlo Observatory (Australia). Liderei times de desenvolvimento de *software* da indústria de óleo e gás (Índia). Fiz parte do conselho de direção de Elara Technologies (Singapura). Na Embaixada do Brasil em Singapura, organizei eventos culturais, conferências e feiras comerciais. Ofereci suporte ao Decano do Corpo Diplomático. Instituí atividades de *team-building* e *onboarding* para funcionários das várias embaixadas. Escrevi inúmeros artigos para revistas. Cursei *Happier Employees and Return-on-Investment* (UT Austin), *The Science of Happiness at Work* (UC Berkeley), *Data-Driven Decision-Making* (PwC). Ofereço mentoria para profissionais em início de carreira ou em fase de transição, e para estudantes do ensino médio por meio da metodologia *Be You* – Seja Você –, utilizando exercícios e práticas conhecidas nos setores de indústria e gestão. Sou empresária, fundadora da Gandha Living.

Contatos
xobadesigns.com
xoba@xobadesigns.com
Instagram: @xobadesigns
Facebook: ssankarankutty;
   XobaLifestyleDesign
LinkedIn: linkedin.com/in/shobha-sankarankutty

O tema deste livro tem sido bastante estudado por psicólogos modernos e, em especial, por psicólogos organizacionais, desde que foi apresentado por Salovey e Mayer em 1990 e popularizado por Daniel Goleman em 1995.

Deparei-me com o assunto quando estudava *The Science of Happiness at Work*, curso oferecido por UC Berkeley. Após trabalhar para uma empresa de software, uma organização não governamental e uma instituição governamental, sem contar os vários anos na esfera acadêmica, perguntei-me por que havia tantas pessoas infelizes em organizações às quais não tinham lealdade ou fazendo trabalhos com os quais não se importavam. Eu me observei.

Poucas pessoas conseguem trabalhar no que amam ou no que as satisfaz. Um engenheiro com inclinação artística precisa de um salário estável. Uma mãe solteira com habilidades empreendedoras ingressa no serviço público pela segurança oferecida. A maioria de nós está apenas tentando sobreviver ou procurando essa segurança. Muitos de nós não sabemos com o que trabalhar, seguimos tendências ou somos induzidos a carreiras "de prestígio".

De acordo com Forbes (ROBINSON, 2022), os principais motivos pelos quais as pessoas pedem demissão são má liderança, cultura de trabalho tóxica, baixos salários, falta de flexibilidade e de um equilíbrio saudável entre vida pessoal e profissional. Outros motivos são ausência de reconhecimento, inexistência de oportunidades de avanço e falta de desafio.

A pandemia da covid-19 revelou outro fator: o sentido da vida. Tivemos a chance de nos perguntar se o que estamos fazendo nos traz sentido e propósito em uma vida que pode ser tão passageira.

Sou alguém que precisa encontrar a felicidade onde quer que seja. Também preciso construir relacionamentos significativos com as pessoas ao meu redor. Nos lugares em que trabalhei, fiz amizades que persistiram através do tempo e da geografia. E meus estudos me ajudaram a identificar que minha fonte de felicidade no trabalho não decorre do trabalho em si, mas do significado que concedo a ele.

Muitas vezes somos guiados a trabalhar para organizações que têm seus valores alinhados aos nossos. No entanto, a maioria não especifica seus valores e missões, algumas nem seguem o que seus sites expõem. Então, se estiver preso a um trabalho não ideal, como encontrar sentido no que faz? Se estiver buscando construir uma carreira que lhe traga sentido e felicidade, quais são os passos básicos a se tomar? Como encontrar a felicidade na vida sem comprometer seu eu? E se quiser viver uma vida mais significativa, como criá-la? Como liderar a vida que você escolher viver?

Bom. O que é autoliderança e como a IE faz parte integrante dela?

Por definição, liderança é a capacidade de liderar os outros. Assim, presume-se que a autoliderança é a capacidade de liderar a nós mesmos.

Segundo Neck e Manz (2010), *liderança* é a capacidade de influenciar os outros a alcançar objetivos individuais ou em comum. Já a autoliderança nos ajuda a alcançar nossos objetivos por meio da automotivação e da autodireção.

Conheci Bryant, autoridade em autoliderança, quando ele namorava uma amiga. Estão agora casados. Li seu livro (BRYANT; KAZAN, 2012). Ele foi meu coach. A experiência foi reveladora.

Bryant e Kazan definem autoliderança como a capacidade de reconhecer e entender nossos pensamentos e sentimentos e, em seguida, influenciá-los para que possamos agir de maneira direcionada para alcançar nossos objetivos.

Isso exige que nos apropriemos de nossos pensamentos e emoções e que saibamos de onde eles vêm. Isso nos permite gerenciá-los ou influenciá-los para que possamos pensar de maneira mais crítica, tomar decisões de modo mais eficaz e agir de uma maneira mais intencional. Autoestima, autoeficácia e autoconfiança são construídas com base nesse autoconhecimento. A influência e o impacto que temos nos outros resultam de nossa autoliderança.

Gambill (2022) diz que a autoliderança é a prática de um conjunto de habilidades que incorpora autoconhecimento. Ele propõe uma estrutura circular (SOAR) pela qual a compreensão do eu, dos nossos vieses, fortalezas e fraquezas revela seus efeitos sobre nossas perspectivas. Isso permite avançar deliberadamente em direção ao nosso objetivo. E, por fim, refletimos sobre nossas ações, recebemos *feedbacks* e nos corrigimos de acordo.

Parece óbvio que os seguintes são os requisitos básicos da autoliderança:

1. Autoconhecimento – conhecer a nós mesmos, identificar nossos pensamentos e emoções, forças e fraquezas, valores e crenças e aceitá-los.

2. Autogestão – controlar ou influenciar nossos pensamentos, emoções e crenças, ser flexível, resiliente e motivado.
3. Autocrescimento – aceitar feedbacks, ser curioso e disposto a aprender, entender que o fracasso faz parte do processo de aprendizagem.

Existem inúmeros trabalhos sobre autoliderança focados na liderança organizacional. Estratégias, frameworks e cenários praticados são usados para nos ajudar a navegar nossas vidas profissionais e avançar nossas carreiras. Afinal, como liderar os outros se não podemos liderar a nós mesmos?

Acrescentaria ainda que, se não soubermos como nos liderar, como lideraremos uma vida que seja significativa e com propósito para nós? E se não nos conhecemos, como saberemos o que é significativo para nós?

Bryant usa a ideia de molduras nas quais nascemos. Essas molduras são circunscritas por nossa formação cultural e religiosa, nossos costumes familiares, nossa posição socioeconômica. Conforme crescemos, novas adições são feitas, como a escola que frequentamos, nível educacional e até mesmo nossa presença nas mídias sociais. Atreladas a essas molduras vêm expectativas externas de quem e como devemos ser.

Então, ao chegarmos à idade adulta, fomos enquadrados por essas molduras e expectativas, por supostas limitações físicas e por experiências vividas. Isso acaba gerando suposições sobre nós mesmos e sobre o mundo que nos rodeia. Os preconceitos começam desde cedo, com base em comportamentos testemunhados. Medos e traumas ditam nossas ações, reações ou inações. Isso não parece deixar muito espaço para a autoliderança e lembra predeterminação.

Porém, é possível treinar o cérebro a derrubar essas suposições, medos e preconceitos e forjar um caminho intencionalmente construído. Somos criaturas adaptáveis e flexíveis. Nosso cérebro é elástico. As conexões neurossinápticas estão sendo fortalecidas ou criadas o tempo todo, ou seja, o cérebro é treinável.

O sucesso no trabalho é baseado em três elementos (GOLEMAN, 2004): QI é responsável por 8 a 10% do nosso sucesso, habilidades técnicas respondem por 8 a 10% e QE por 80 a 90%, o que torna essencial cultivar IE se quisermos avançar profissionalmente.

Nosso QI não muda ao longo de nossa vida. No entanto, o QE pode ser desenvolvido e melhorado. Podemos ensinar nosso cérebro a ser mais consciente emocionalmente e nossa química corporal o seguirá. Eventos traumáticos moldam o corpo e a mente, mas existem várias maneiras pelas quais o cérebro pode ser remodelado, como yoga, meditação, esportes, *neu-*

rofeedback, terapia cognitivo-comportamental (VAN DER KOLK, 2014). Também é possível que o corpo instrua o cérebro como uma pose de poder (*feedback postural*) pode aumentar nosso nível de testosterona e diminuir os níveis de cortisol tal que forçamos a mente a ser mais confiante (CUDDY, 2015). O modelo de estímulo, desejo, resposta e recompensa proposto por James Clear em *Hábitos Atômicos* (2018) permite condicionar a mente e o corpo aos comportamentos que desejamos adquirir e desmamar aqueles que não queremos manter. Aprendi recentemente que na yoga devemos repetir asanas e pranayama 21 vezes por 21 dias consecutivos para que virem rotina para o corpo. E são necessários entre 18 a 256 dias para que os comportamentos se tornem automáticos (LALLY *et al.*, 2009).

Enfim, é possível mudar quem fomos emoldurados a ser se reconhecermos de onde viemos. Daí podemos nos tornar quem queremos ser, ao sabermos onde queremos chegar. O processo de autodescoberta pode ser emocionalmente doloroso, mas existem modelos, estruturas e práticas que ajudam a explorar o eu de uma maneira gratificante.

A IE baseia-se em quatro elementos: autoconhecimento, autogestão, consciência social e gestão de relacionamentos (GOLEMAN, 1995). Os dois primeiros dizem respeito à percepção, à compreensão e à gestão das nossas emoções ou sentimentos. Eles incluem as seguintes habilidades: autoconhecimento emocional, autocontrole emocional, adaptabilidade/agilidade, garra (paixão e perseverança) e mentalidade de crescimento. Os dois últimos referem-se à forma como enxergamos os outros e como nos relacionamos com eles. Eles requerem: empatia, consciência organizacional, influência, gestão de conflitos, trabalho em equipe, mentoria inspiradora, formação e desenvolvimento de pessoal.

Aos quatro domínios da IE, Goleman acrescenta outras duas habilidades que são ensinadas às crianças por meio de seu programa de aprendizagem social e emocional (SEL, GOLEMAN, 2020): tomada de decisão e *mindfulness*. A tomada de decisão eficaz é um derivado natural da autoconsciência e gestão emocional, resiliência e mentalidade positiva de crescimento, bem como empatia e consciência organizacional. Já *mindfulness* é uma das melhores práticas de autoconhecimento e consciência social.

Ao empregarmos a autoliderança, as habilidades que formam a base da IE devem ser exercitadas para que, equipados com nossa compreensão de nós mesmos e de nosso entorno, sejamos capazes de nos influenciar conscientemente e nos relacionar com os outros de maneira significativa. Assim poderemos definir nosso eu e liderar a vida que desejamos.

O Fórum Econômico Mundial (2020) identificou as seguintes principais categorias e competências para o ano de 2025: resolução de problemas (pensamento analítico e crítico, raciocínio, ideação, inovação), autogestão (aprendizagem ativa, resiliência, flexibilidade, tolerância ao estresse), trabalho com pessoas (liderança, influência social) e utilização e desenvolvimento de tecnologia (design, programação, uso, monitoramento e controle de tecnologia). Destas, 80% são competências de autoliderança que exigem IE. O Future Jobs Report 2023 mantém a indicação com a adição de IA e big data.

No ambiente de trabalho, a IE ajuda os empregados a fortalecer seus relacionamentos no trabalho, promovendo empatia e melhorando as habilidades de comunicação, beneficia a formação de equipes, auxilia na resolução de conflitos, aumenta sua produtividade, agilidade, engajamento e foco. Ela impulsiona uma gestão mais eficaz e uma liderança mais estratégica.

Várias escolas adotaram programas SEL e seus derivados que integram IE nos seus currículos para ajudar as crianças a navegar suas dificuldades, resolver problemas, gerenciar conflitos, ser autoconfiantes, assertivas e menos impulsivas (GOLEMAN, 2020).

Em nível pessoal, a inteligência emocional melhora a construção de relacionamentos ao fomentar empatia e compaixão, ela facilita a adaptabilidade, reduz o estresse e ajuda-nos a encontrar nossa motivação. Enquanto a autoliderança nos leva a agir em direção aos nossos objetivos e aspirações de uma maneira mais intencional e, no processo, influenciar e impactar os outros à medida que construímos conexões significativas.

O que isso significa para a nossa felicidade e para a definição do eu?

Além de nossas exigências fisiológicas e de segurança básicas (hierarquia de necessidades de Maslow), nossa ânsia de pertencimento mantém muitos de nós presos às molduras impostas. Além disso, nosso desejo de autoatualização e realização sob essas molduras é comprometido por serem ditadas por elementos externos a nós.

Todos nós já ouvimos falar daquelas pessoas que deixaram suas carreiras de sucesso, com megassalários para trabalharem em instituições desconhecidas ou em ONGs com baixos salários e condições pouco satisfatórias. Elas parecem mais felizes e realizadas do que a maioria de nós. Dizem que se encontraram, que encontraram seu propósito e que suas vidas têm sentido.

Precisamos causar um impacto significativo em nosso mundo à medida que progredimos. Nosso senso de propósito decorre de contribuições significativas que fazemos. Nossa felicidade e nossa felicidade no trabalho estão intrinsecamente ligadas ao nosso senso de propósito. Esse senso de propósito nos dá direção e significado. Com propósito vem paixão, resiliência, realização e felicidade.

É impossível definir um futuro sem entender de onde viemos e onde estamos agora. É aqui que a IE guiada pela autoliderança nos ajuda a identificar as molduras que nos enquadram, avaliá-las criticamente e mudá-las ou nos libertar delas, se necessário. Daí temos a liberdade de criar e definir nosso eu e começar a construir a vida que queremos viver e ser a pessoa que queremos ser com base em nossos próprios valores, princípios, crenças, paixões, objetivos e aspirações.

Após essa jornada de autodescoberta, encontrei um propósito maior que não é situacional ou temporário e que me ajuda a ser mais misericordiosa com meu antigo eu à medida que vou me sentindo confortável com quem escolhi ser.

Referências

BRYANT, A.; KAZAN, A. L. *Self Leadership: How to Become a More Successful, Efficient, and Effective Leader from the Inside Out*, McGraw-Hill, 2012.

CUDDY, A. *Presence: Bringing Your Boldest Self to Your Biggest Challenges*, Little Brown Spark, 2015.

GAMBILL, T. *Why Self-Leadership is Your Key to Career Success*, forbes.com, 04/01/2022.

GOLEMAN, D. *Emotional Intelligence. Why it Can Matter More Than IQ*, Bantam Books, 1995.

GOLEMAN, D. *Emotional Intelligence. Why it Can Matter More Than IQ*, 25th ed., Bloomsbury Publishing, 2020.

GOLEMAN, D. *What Makes a Leader*. Harvard Business Review, 2004.

LALLY, P., et al. *How are habits formed: Modelling habit formation in the real world*, European Journal of Social Psychology, 2009.

NECK, C. P.; MANZ, C. C. *Mastering Self-leadership: Empowering Yourself for Personal Excellence*, 5th ed. Pearson, 2010.

ROBINSON, B. *Discover The Top 5 Reasons Workers Want to Quit Their Jobs*. forbes.com, 03/05/2022.

VAN DER KOLK, B. *The Body Keeps the Score: Brain, Mind, and Body in the Healing of Trauma*. Penguin Publishing Group, 2014.

SALOVEY, P.; MAYER, J. D. Emotional intelligence. *Imagination, cognition and personality*, 9(3), 185–211. 1990.

27

A APLICABILIDADE DA INTELIGÊNCIA EMOCIONAL NO PROCESSO SELETIVO NA PERSPECTIVA DE QUEM SELECIONA E CONTRATA

Já parou para pensar o quanto as emoções impactam no desempenho em diversas competências comportamentais? Neste capítulo, falo sobre como o uso da inteligência emocional pode ser um diferencial no sucesso do processo seletivo, os benefícios para a empresa ao considerá-la nessa fase e como avaliá-la. A proposta é conduzir os leitores em uma jornada com elementos que sejam aplicáveis à rotina de seleção.

SIMONE FIGUEIREDO

Simone Figueiredo

Profissional com sólida carreira em RH, liderando as áreas de "atração e seleção" e "desenvolvimento organizacional" em empresas do segmento industrial e consultorias. Com destacada atuação em gestão e condução de projetos de seleção, reestruturação da área de R&S, pesquisa de clima, avaliação por competências, *mentoring*, programa de sucessão, *change management*, desenvolvimento de liderança, desenvolvimento da força de vendas, integração de novos colaboradores (*onboarding*) e gestão de times. Ganhadora de quatro prêmios de RH. Psicóloga, pós-graduada em Administração de RH, com especialização em *Employer Branding*, formação em *Mentoring e Coaching* e certificação internacional nas metodologias DISC (*Certified Professional Behavioral Analyst*), CPMA (*Certified Professional Motivators Analyst*) e Facet5.

Contato
LinkedIn: linkedin.com/in/simonefigueiredo/

Simone Figueiredo

> *Nossas emoções governam todos os aspectos de nossas vidas, determinando a maneira como pensamos, agimos e nos comportamos. Isso não é menos verdadeiro do que quando se trata de trabalho.*
> Alain de Botton

O ano era 2006. Eu estava fazendo um trabalho para uma disciplina da pós-graduação sobre inteligência emocional (IE) quando me deparei com um case intitulado "Seleção por Inteligência Emocional na Men's Wearhouse", que me chamou muita atenção, talvez por estar relacionado com a minha área de atuação.

Descrevo-o resumidamente a seguir: a Men's Wearhouse era líder entre lojas de roupas masculinas nos EUA. A rede possuía mais de 400 lojas, 6.000 funcionários e receita anual na casa dos 630 milhões de dólares. A empresa crescia rapidamente somando, em média, uma nova loja por semana.

Shlomo Maor, então diretor de treinamento da companhia, acreditava que o sucesso tinha mais a ver com a capacidade de compreender as pessoas do que com a capacidade de vender ternos. Ele dizia: "Não procuramos pessoas com níveis específicos de educação ou experiência. Temos um critério fundamental para a seleção: o otimismo".

O que o otimismo tem a ver com a venda de ternos? Tudo, argumentava Maor. "Os otimistas não prejulgam nem pressionam os clientes. Você tem que vender o produto certo para o cliente certo pela razão correta – o que geralmente significa adiar gratificações e enfrentar rejeições. Isso é inteligência emocional e é isso que fazem os grandes vendedores" (ROBBINS, 2002, p. 106).

De lá para cá, é animador notar que muito se evoluiu sobre as discussões acerca deste tema que está cada vez mais presente no mundo corporativo. No entanto, em geral as empresas têm adotado ações pontuais, quando o ideal seria ter a IE como estratégia de negócio, inclusive no contexto do processo seletivo.

Na perspectiva de quem seleciona e contrata, a aplicação da IE pode ser um diferencial significativo no sucesso do processo, contribuindo para o resultado sustentável da organização.

Inteligência emocional – letramento

Para garantir o letramento sobre IE, caso haja algum leitor pouco familiarizado com o tema, apresento alguns conceitos importantes.

Em sua obra *Inteligência Emocional: A teoria revolucionária que redefine o que é ser inteligente,* Daniel Goleman define IE como a capacidade de reconhecer, entender e gerenciar as próprias emoções, bem como a habilidade de reconhecer, entender e influenciar as emoções dos outros.

Além disso, identifica e nos apresenta cinco dimensões (habilidades-chave) da IE:

Autoconsciência ou autoconhecimento emocional:

- Reconhecimento das próprias emoções.
- Compreensão dos gatilhos emocionais e dos padrões de reação.

Autogerenciamento ou autorregulação emocional:

- Capacidade de lidar com as próprias emoções.
- Evitar reações impulsivas (propensão de pensar antes de agir).
- Manter a calma em situações de estresse.

Automotivação:

- Orientação em direção aos objetivos.
- Capacidade de persistir diante de fracassos e dificuldades.
- Busca por metas de longo prazo.

Empatia:

- Reconhecer as emoções nos outros.
- Habilidade de se colocar no lugar do outro.
- Sensibilidade às necessidades e perspectivas alheias.

Habilidades sociais ou sociabilidade:

- Construção e manutenção de relacionamentos saudáveis.
- Comunicação eficaz.
- Resolução construtiva de conflitos.
- Influência positiva sobre os outros.

Motivos para avaliar a IE no processo seletivo

A seleção de candidatos é um processo crítico para as organizações, mas não é simples acertar na hora da contratação. Há muitas variáveis envolvidas. Uma delas é a emoção que tem impacto direto na vida de todos nós, inclusive no ambiente de trabalho.

E este impacto é tão significativo que alguns pesquisadores – incluindo Goleman – reconhecem que o quociente emocional (QE) é mais importante para o sucesso geral na vida das pessoas do que o quociente intelectual (QI). O QI contribuiria com 20% do sucesso, ao passo que o QE com 80%.

Ou seja, as habilidades emocionais têm maior impacto na carreira do indivíduo e, consequentemente, no sucesso das organizações. E à medida que as empresas reconhecem esta importância, a avaliação da IE nos processos seletivos ganha destaque e relevância.

Segundo o levantamento "Habilidades 360° na América Latina" realizado pela PageGroup em setembro de 2020 com mais de três mil executivos (Presidentes, VPs, Diretores e Gerentes Gerais) do Brasil, Argentina, Chile, Peru, Colômbia e México, a IE é a habilidade comportamental mais importante e mais valorizada pelos executivos LATAM em quatro dos seis países onde a pesquisa aconteceu, inclusive Brasil (os demais países são: Colômbia, México e Peru)[1].

Se tanto pesquisadores quanto executivos reconhecem o valor da IE no contexto corporativo, alterar as práticas utilizando estratégias para melhor identificá-la no processo seletivo pode ser o diferencial que impulsionará os seus resultados e da organização.

Acertar na hora da contratação torna-se ainda mais relevante em um cenário de forte disputa por profissionais qualificados, onde promover um ambiente saudável pode ser o fator que permitirá não só a atração, mas também a permanência de talentos-chave.

A IE aplicada no processo seletivo pode trazer diversas vantagens para as empresas:

- Contar com lideranças mais empáticas e humanizadas.
- Tomar decisões de modo mais ponderado.
- Resolver conflitos de maneira mais eficaz.
- Construir relacionamentos saudáveis e duradouros com todos os *stakeholders*.
- Contribuir para a formação de equipes mais eficientes.
- Reduzir o índice de *turnover*.

---

1 No Chile, foi "Trabalho em Equipe" e, na Argentina, "Resolução de Conflitos".

Além disso, ao considerar a IE no decorrer do processo seletivo, as organizações podem fortalecer ou criar culturas mais saudáveis emocionalmente.

Outra vantagem é o aumento no sucesso da contratação. Um estudo realizado pela Michael Page mostra que 90% dos desligamentos estão relacionados às *soft skills* – ou melhor, à falta delas. Portanto, incluir a avaliação da IE no momento da contratação pode ser uma estratégia para ampliar as chances de um bom *match*, escolhendo profissioanis com aderência aos desafios da posição e afinidade com a cultura da empresa.

Em resumo, integrar a inteligência emocional ao processo seletivo melhora a qualidade das contratações, com consequente impacto positivo na dinâmica da equipe, no exercício da liderança e na construção e manutenção de um ambiente emocionalmente inteligente e mais saudável, refletindo diretamente nos indicadores de desempenho e gerando resultados sustentáveis olhando para o longo prazo da organização.

Um novo olhar sobre a inteligência emocional

A inteligência emocional pode ser avaliada como uma competência específica, mas gosto de considerá-la um elemento incorporado a outras competências comportamentais. Isso muda a perspectiva de quem está conduzindo o processo seletivo. A IE deixa de ser uma "finalidade" em si mesma (a competência a ser avaliada) e passa a ser o "meio" ou o "como" o candidato desempenha as atividades e exerce as demais competências: como lidera, como trabalha em time, se relaciona, resolve conflitos, toma decisões etc.

Portanto, entender "como" as emoções impactam o desempenho em diversas competências comportamentais é essencial para ampliar a assertividade no momento da escolha do profissional aprovado, contribuindo para a promoção de um ambiente de trabalho saudável e a construção de uma cultura emocionalmente inteligente, madura e de maior segurança psicológica.

Aqui estão algumas maneiras pelas quais a IE atua como uma competência transversal em diferentes aspectos:

- **Liderança**: líderes com alta IE tendem a ser mais empáticos, acolhedores, transparentes e se destacam pela capacidade de liderar mesmo em situações emocionalmente intensas. Conseguem compreender e fazer uma gestão eficaz das emoções de seus liderados, inspirando-os e cultivando um ambiente de confiança e colaboração.
- **Trabalho em equipe**: indivíduos emocionalmente inteligentes são hábeis tanto na comunicação interpessoal – facilitando a compreensão –

quanto para lidar com conflitos, encontrando soluções colaborativas que beneficiem o grupo.
- **Relacionamento interpessoal**: a IE permite que as pessoas compreendam as emoções dos outros, fortalecendo os laços interpessoais e promovendo relacionamentos saudáveis. A capacidade de construir e manter relacionamentos positivos é uma extensão natural da inteligência emocional.
- **Resiliência**: indivíduos emocionalmente mais inteligentes lidam melhor com as frustrações e se recuperam mais rapidamente de adversidades, mantendo o desempenho em momentos desafiadores.
- **Comunicação assertiva**: a habilidade de ouvir atentamente e compreender as emoções dos outros é uma parte importante da comunicação eficaz e está presente nas pessoas com alta IE.
- **Tomada de decisão**: a IE influencia a capacidade de tomar decisões mais ponderadas, especialmente em situações de pressão e grande estresse, contribuindo para escolhas mais equilibradas e fundamentadas. Isso é valioso sobretudo em cargos de liderança e em funções que envolvem decisões estratégicas.
- **Motivação**: indivíduos emocionalmente inteligentes conseguem estabelecer metas realistas e são motivados intrinsecamente para alcançá-las.

A IE, ao interagir com essas (e outras) competências comportamentais, forma um alicerce sólido para o sucesso do profissional e da organização.

Como avaliar a inteligência emocional no processo seletivo

Para que a IE possa se traduzir efetivamente em diferencial qualitativo para o processo seletivo, é fundamental que o profissional que conduzirá esta avaliação disponha dessa inteligência para identificar os comportamentos e emoções nos candidatos – "você só reconhece o que conhece".

A aplicação da IE também acontece por meio do respeito aos horários, do entendimento da opinião alheia e pluralidade, da escuta ativa, do feedback em relação ao processo e pela promoção de um ambiente calmo para a entrevista, com a finalidade de conseguir extrair dos candidatos as informações necessárias. Afinal sabemos que é bem comum que eles apresentem algum grau de ansiedade – uns mais que outros – podendo, inclusive, comprometer a sua *performance* nas etapas.

Na seleção de candidatos, há várias estratégias possíveis para identificar a IE e elas podem ser complementares e aplicadas em diferentes etapas do processo. São elas:
- Entrevista comportamental.
- Dinâmicas em grupo.

- Avaliação psicométrica.
- Referências e feedbacks anteriores.
- Simulações de situações profissionais.
- Feedback pós-entrevista.

Dentre todas as estratégias apresentadas, a entrevista comportamental é a mais utilizada. A sugestão, então, é incorporar ao roteiro perguntas que não só explorem a experiência anterior dos candidatos, mas também tenham potencial de avaliar a maturidade emocional deles, ou seja, "como" exercem as competências que são críticas para o sucesso na posição.

Veja algumas sugestões de perguntas:

Tomada de decisão
Dê um exemplo de uma ocasião em que você teve que tomar uma decisão rápida e com informações limitadas. Qual foi o resultado? O que teria feito de diferente?

Relacionamento interpessoal
Você já teve que lidar com uma pessoa difícil no trabalho? O que fez para construir uma relação com esta pessoa? Como se saiu?

Comunicação
Descreva-me a comunicação mais difícil que você já fez e qual a estratégia utilizada?

Liderança
Fale sobre um momento em que você teve que assumir a liderança em uma situação desafiadora. Como você motivou o time?

Resistência ao estresse
Conte-me uma situação em que você suportou uma forte pressão no trabalho.

Feedback
Descreva um episódio no qual recebeu feedback negativo. Como você se sentiu diante dessa situação e como lidou com o ocorrido?

Resiliência

Conte-me sobre algum projeto que você coordenou e que, apesar dos seus esforços e da equipe, não aingiu o resultado esperado. Como lidou com essa situação?

Autoconhecimento
Quais são suas principais habilidades? E o que precisa desenvolver?

Trabalho em equipe
Descreva um episódio em que colaborou em equipe, negociou ou persuadiu. Como foi sua comunicação e colaboração nesse contexto?

Estes são apenas alguns exemplos de perguntas formuladas para trazer *insights* sobre as habilidades emocionais dos candidatos, ajudando os entrevistadores a identificarem aqueles que possuem uma IE aplicável ao ambiente de trabalho.
Agora é com você!
Amplie o roteiro, reflita sobre as práticas que tem utilizado e sobre o que pode fazer para imprimir ainda mais qualidade aos seus processos seletivos.
É fato que estamos vivendo um cenário de constante mudança e adaptação, mas com boas estratégias há espaço para atingir os resultados esperados e, ao mesmo tempo, criar e/ou manter um ambiente emocionalmente inteligente.
E para finalizar trago uma frase do Daniel Goleman: "Habilidades como resiliência, empatia, colaboração e comunicação são todas competências baseadas na inteligência emocional e que distinguem profissionais incríveis da média".
E então, *bora* contratar profissionais incríveis?

Referências

GOLEMAN, D. *Inteligência emocional: a teoria revolucionária que redefine o que é ser inteligente*. 22. ed. Rio de Janeiro: Objetiva, 1995.

ROBBINS, S. P. *Comportamento organizacional*. 9. ed. São Paulo: Prentice Hall, 2002.

PAGE PERSONNEL. Habilidades 360º: América Latina 2020 – impulsione sua carreira. São Paulo: *Page Personnel,* 2020. Disponível em: <https://www.pagepersonnel.com.br/estudos-e-tend%C3%AAncias/habilidades-360-am%-C3%A9rica-latina-2020-impulsione-sua-carreira>. Acesso em: 3 jan. de 2024.

28

DESAFIOS NA LIDERANÇA DE EQUIPES JOVENS

O capítulo aborda os desafios na liderança de equipes jovens. São retratadas as aspirações dos jovens quando inseridos no mercado de trabalho e os principais motivadores de um ambiente corporativo saudável para o desenvolvimento dessas equipes.

VINÍCIUS MAIA

Vinícius Maia

Advogado. Mestre em Direito pela UFRN. Pós-graduado em Direito Ambiental pela UFPR. Executivo jurídico da ALE Combustíveis S.A. Atuação no segmento de Óleo & Gás. Possui sólida experiência em gestão na área jurídica corporativa.

Contatos
vfcmaia@gmail.com
LinkedIn: https://www.linkedin.com/in/viniciusfcmaia/

No atual cenário global, caracterizado por rápidas mudanças tecnológicas e sociais, a liderança de equipes jovens emerge como um desafio crucial para organizações que buscam inovação e sustentabilidade a longo prazo.

Este capítulo explora os desafios e oportunidades inerentes à gestão de uma força de trabalho jovem, destacando como as diferenças culturais e etárias influenciam dinâmicas de trabalho e exigem abordagens de liderança adaptativas.

Diante de uma geração marcada por aspirações e expectativas distintas, líderes e gestores são convocados a reimaginar suas práticas para cultivar ambientes que não apenas atraiam talentos jovens, mas também os engajem de maneira produtiva e satisfatória.

Nesse contexto, abordaremos estratégias eficazes que promovem a inclusão, o desenvolvimento e a retenção de jovens profissionais, fundamentais para o sucesso organizacional em um mundo em constante evolução.

Uma era de oportunidades

De acordo com dados da OECD (2022), o Brasil possui 36% dos seus jovens (idade entre 18 a 24 anos) fora do mercado de trabalho e do estudo regular, o que coloca o país como um dos piores entre os pesquisados. Trata-se de um dado preocupante, pois a falta de uma base educacional tem como consequência a diminuição de acesso do jovem ao trabalho formal. A longevidade dessa desconexão não apenas prejudica a estabilidade financeira individual, mas também implica custos sociais e econômicos de longo prazo para o país, desde a redução da base tributária até o aumento da dependência de programas sociais.

Os desafios são amplificados pela inadequação das habilidades adquiridas no sistema educacional em relação às exigências do mercado de trabalho contemporâneo. A dificuldade não reside apenas na obtenção de emprego formal, mas na preparação para enfrentar processos seletivos competitivos e na ausência de programas de inclusão que poderiam facilitar a transição do ambiente acadêmico para o profissional. Essa lacuna evidencia uma desconexão sistêmica entre educação e empregabilidade, sugerindo a necessidade urgente de políticas públicas e iniciativas privadas que abordem tanto a qualificação quanto a inclusão profissional dos jovens.

Paralelamente, observa-se uma transformação significativa no perfil dos jovens profissionais, que redefinem o relacionamento entre trabalho e propósito. Diferentemente das gerações anteriores, para as quais a estabilidade e o crescimento linear na carreira eram prioridades, os jovens de hoje valorizam a flexibilidade, o equilíbrio entre vida pessoal e profissional e, sobretudo, o alinhamento entre seus valores pessoais e os das organizações em que escolhem atuar. Eles buscam contribuir para um bem maior, preferindo empresas que demonstram responsabilidade social e ambiental. Essa mudança de paradigma exige das organizações uma revisão profunda de suas políticas, sua cultura e suas estratégias de gestão.

O foco ampliado para além da maximização dos lucros, contemplando o impacto social e ambiental, torna-se um diferencial competitivo na atração e na retenção de talentos. As empresas devem, portanto, investir em práticas sustentáveis, promover a diversidade e a inclusão, e oferecer oportunidades de desenvolvimento que permitam aos jovens profissionais sentir que seu trabalho tem um propósito maior.

Nesse contexto, o papel do líder torna-se mais crucial do que nunca. Líderes eficazes são aqueles capazes de reconhecer e valorizar as competências únicas que os jovens trazem para a equipe, ao mesmo tempo que fornecem orientação, apoio e oportunidades de desenvolvimento alinhadas às suas expectativas de crescimento profissional e pessoal.

Seja um líder e um gestor

Lidar com equipes jovens ou mistas exige muito tirocínio, mas é um exercício prazeroso, seja porque ajuda no próprio desenvolvimento daquele que os gerencia, seja porque fomenta a criatividade e a diversidade.

O trabalho é desafiador não na proporção da juventude, mas do grau de amadurecimento das habilidades interpessoais dos jovens e, sobretudo, do gestor. A maturidade emocional não vem enlatada, nem se aprende em um seminário, pois que é forjada nas vivências, no autoconhecimento e no exercício da alteridade. E isso leva tempo.

O jovem tem o tempo a seu favor e, portanto, é inclinado a experimentar, cometer erros e aprender. Promover um ambiente em que possa se desenvolver é tarefa da empresa, que deve ter essa premissa em sua cultura corporativa. Um ambiente seguro e estável propicia o desenvolvimento de equipes saudáveis.

Já para o líder dessas equipes, conforme Smet et al. (2023), há a necessidade de se reimaginar por meio de mudanças críticas: a) de foco: mentalidade de preservação para mentalidade de possibilidade; b) de valor: mentalidade de escassez para mentalidade de abundância; c) organizacionais: mentalidade de autoridade para mentalidade de parceria; d) de modo de trabalho: mentalidade de certeza para mentalidade de descoberta; e) de apresentação: mentalidade de conformidade para mentalidade de autenticidade.

O líder precisa comunicar-se de maneira eficaz, empática e paciente. Acima disso, precisa saber ouvir e estar disposto a aprender para ter sucesso com uma equipe mais jovem e, assim, fomentar um ambiente produtivo.

O jovem espera que os líderes tenham sua identidade profissional, mas que sejam acessíveis e sejam vistos como pessoas comuns e autênticas para que se possa gerar uma conexão em nível humano.

O aspecto inspiracional é importante, mas não se pode perder de vista o papel formativo que o líder tem em relação a essas equipes. É preciso construir o propósito corporativo e desenvolver os liderados por meio de feedbacks regulares e estruturados.

O feedback precisa ser estruturado para não virar uma conversa de corredor e se perder em sentido. É preciso que sejam demonstradas as aptidões e os comportamentos desejados em formas de metas individuais a serem perseguidas pelo colaborador para que ele saiba quais são as expectativas da empresa sobre si e o que é necessário para progredir.

O feedback estruturado e regular, como mencionado, é vital, mas também é importante garantir que ele seja construtivo e orientado ao crescimento. Kim Scott (2019) argumenta pela importância de uma comunicação que seja ao mesmo tempo direta e empática, permitindo o desenvolvimento pessoal enquanto mantém altos padrões de desempenho. Uma cultura de feedback contínuo, em que o diálogo aberto e honesto é encorajado, permite que jovens profissionais compreendam suas áreas de força e oportunidades de melhoria, alinhando suas trajetórias de desenvolvimento com os objetivos organizacionais.

A capacidade de liderar equipes jovens e mistas requer não apenas entendimento e adaptação às necessidades individuais dos jovens profissionais, mas também uma forte inclinação para a liderança inclusiva. Essa abordagem, conforme indicado por Bourke e Dillon (2016), destaca que líderes eficazes são aqueles que reconhecem e valorizam a diversidade de pensamento, experiência e perspectiva dentro de suas equipes. Líderes inclusivos são adeptos a criar um ambiente em que todos se sentem valorizados e, por sua vez, estão mais engajados e propensos a contribuir plenamente para os objetivos da equipe.

Além disso, a liderança no contexto de equipes jovens envolve promover a resiliência e estimular o crescimento contínuo, tanto profissional quanto pessoal. Daniel Goleman (1995), em seu trabalho sobre inteligência emocional, destaca a importância da autoconsciência, autogestão, consciência social e habilidades de relacionamento para liderar efetivamente. Esses componentes da inteligência emocional são cruciais para desenvolver a resiliência em jovens profissionais, permitindo-lhes enfrentar desafios, lidar com o fracasso de maneira produtiva e se adaptar às mudanças.

Não se pode perder de vista, portanto, que as ferramentas precisam ser fornecidas pela empresa, que deve fomentar que as competências emocionais sejam fatores de sucesso ou fracasso em seus programas de performance e avaliação.

Esses fatores somados resultarão numa transição de modelos de liderança tradicionais para lideranças mais colaborativas e menos hierárquicas, promovendo a autonomia, a transparência e o trabalho em equipe de maneira diversificada e indistinta.

A capacidade do líder de agir como um facilitador de conexões autênticas dentro da equipe não pode ser subestimada. A pesquisa de Brené Brown (2012) sobre vulnerabilidade e liderança mostra que líderes que são capazes de se abrir, mostrando suas próprias incertezas e aprendizados, fomentam um ambiente de trabalho em que os jovens profissionais sentem-se seguros para expressar suas opiniões, aprender com os erros e, mais importante, crescer. Isso contribui para a formação de equipes mais unidas, criativas e inovadoras.

Para as empresas e seus líderes, adaptar-se a essas novas realidades significa reconhecer e abraçar as mudanças no mercado de trabalho e nas expectativas dos profissionais jovens. Investir no desenvolvimento de um ethos organizacional que priorize o crescimento pessoal e profissional, a inclusão, a diversidade e a responsabilidade social não é apenas um imperativo ético, é também uma estratégia essencial para garantir a sustentabilidade e o sucesso a longo prazo no cenário empresarial contemporâneo.

Esse compromisso com a evolução deve ser refletido nas práticas diárias de gestão, na cultura organizacional e nas políticas internas, estabelecendo uma conexão genuína entre os valores da empresa e os dos jovens profissionais que buscam nela não apenas um emprego, mas uma missão de vida.

Referências

BOURKE, J.; DILLON, B. *The six signature traits of inclusive leadership: Thriving in a diverse new world*. Deloitte University Press, 2016.

BROWN, B. *A coragem de ser imperfeito*. Rio de Janeiro: Sextante, 2012.

GOLEMAN, D. *Inteligência emocional: a teoria revolucionária que redefine o que é ser inteligente*. Rio de Janeiro: Objetiva, 1995.

HARVARD BUSINESS REVIEW. *Desafios da gestão*. São Paulo: Sextante, 2018.

McKINSEY & COMPANY. *Nova liderança para uma nova era de organizações prósperas*. Disponível em: <https://www.mckinsey.com/featured-insights/destaques/nova-lideranca-para-uma-nova-era-de-organizacoes-prosperas/pt>. Acesso em: 1 mar. de 2024.

OECD. *Education at a Glance 2022: OECD Indicators*. Paris: OECD Publishing, 2022.

SCOTT, K. *Feedback direto e radical: como liderar pelo exemplo e obter resultados extraordinários*. São Paulo: Editora Sextante, 2019.

29

PROTAGONISMO E FELICIDADE NA CARREIRA
O DESPERTAR POR MEIO DA INTELIGÊNCIA EMOCIONAL

Seja protagonista de uma carreira extraordinária utilizando a inteligência emocional. Decisões definem destinos. Todos os dias fazemos escolhas e elas impactam no nosso presente e futuro. Neste capítulo, convido você a escolher o autoconhecimento e a inteligência emocional como meios indissociáveis na formação plena do ser humano e sua carreira. Descubra e desperte o poder que há em você, transformando situações complicadas em oportunidades de crescimento e, assim, torne-se protagonista da sua carreira.

VIVIAN BRITO

Vivian Brito

Analista judiciária da Justiça Federal da Bahia. Mãe de Maria Vitória. Pesquisadora do Núcleo de Pesquisa Científica em Direito do Araguaia (NUPEDIA – UFMT) sobre Administração Pública, Administração da Justiça e o Futuro do Direito (2023-2026). Pós-graduada em Gestão Pública & *Compliance* (2023.2), Direito do trabalho & Ciências sociais (2011). Professora, mentora educacional, palestrante e formadora na educação corporativa, nos cursos de gestão e liderança.

Graduada em Direito (2004), advogou por 4 anos. Servidora pública há mais de 15 anos, com atuação em alguns tribunais do país: Tribunal de Justiça da Bahia (2006), Tribunal Regional do Trabalho da 16ª Região (2011), Tribunal Regional Federal da 5ª Região (2012), Conselho da Justiça Federal (2013). Hoje é analista judiciária do Tribunal Regional Federal da 1ª Região.

Contatos
conexaocomvivianbrito@gmail.com
Instagram: @conexaovivianbrito
LinkedIn: linkedin.com/in/vivian-brito-1839b2288

Vivian Brito

> *Uma servidora, que encontrou seu lugar de fala no serviço público, tem alma de escritora, e deseja partilhar conhecimento e vivências, impulsionando pessoas a encontrar o seu protagonismo na vida e na carreira.*

A vida não tem rascunho, nem ensaios. Mas, é certo que um indivíduo, ao começar a canalizar sua energia em autoconhecimento e desenvolvimento pessoal, opera uma revolução em toda sua vida, descobre novas habilidades profissionais e capacidade para enfrentar as adversidades com equilíbrio e paz interior.

Nunca estaremos livres de dificuldades, seja no âmbito funcional, seja na nossa vida pessoal, mas o despertar da consciência, reconhecendo nossos pontos fracos e fortes, pode ser o primeiro passo rumo a uma carreira incrível e, consequentemente, uma vida mais equilibrada e inteligente.

Assim, a questão que se propõe nesse capítulo é compreender a importância da Inteligência Emocional na vida e carreira das pessoas, principalmente em situações de crise, quando o trabalhador se encontra sob pressão, devastado emocionalmente ou estagnado pela rotina.

Mario Sérgio Cortella (2020), no seu livro *Qual é a tua obra?*, nos provoca à seguinte reflexão: *"Temos de trabalhar! Podemos fazê-lo para mera obtenção da sobrevivência ou também como um modo de marcar a nossa presença no mundo"*. Eu escolhi a segunda opção. E, desde então já te proponho o seguinte questionamento: Você está terceirizando ou assumindo o papel de protagonista do seu próprio desenvolvimento pessoal?

Propósito é visão

> *"A verdadeira profissão do Homem é encontrar o seu caminho para si mesmo."*
> Hermann Hesse

Esse caminho certamente perpassa pelo despertar da nossa consciência, principal característica humana, que ocorre de dentro para fora. Engana-se quem coloca a felicidade no mundo exterior ou projeta sua felicidade para um evento futuro. A felicidade reside em estar presente, aqui e agora, e desfrutar dessa realidade hoje, encontrando nos pequenos detalhes da vida cotidiana razões para sorrir, como também direcionando nossa mente para acolher e interpretar as situações da melhor forma possível.

Penso que a equação do sucesso pessoal, que nos conduz à felicidade perene, precisa trilhar os caminhos da inteligência emocional, para ser de fato alcançada. Solucionar problemas, dominando nossos impulsos mentais, nos conduz à felicidade, como também recusar-se a escolher a infelicidade é uma forma de inteligência emocional.

Se encaramos qualquer problema com racionalidade, e não for possível encontrar uma solução para a situação, no momento, só há dois caminhos a seguir: se desesperar, e nos deixar dominar pela raiva e angústia, agindo por impulso, ou respirar, se acalmar e convidar a força interior a agir. Na segunda hipótese, você nada mais fez que se recusar a escolher a infelicidade, e decide viver o momento pelo que ele vale. Isso é ser inteligente emocionalmente.

Todavia, uma observação pertinente é que a humanidade, de modo geral, tem colocado a felicidade no mundo exterior, aprisionada a um ciclo vicioso de "injeções" transitórias ou "picos" de alegrias, os quais provocam aumento considerável da dopamina (hormônio da felicidade), mas, tão logo a sensação de saciedade e êxtase passam, a dopamina cai, e, volta-se a conviver com a sensação de falta, ou melhor, abstinência de momentos felizes; até que nosso cérebro é projetado para outro evento futuro, que lhe trará novas "injeções" de felicidade. Assim, nossa felicidade está sempre atrelada ao "se", "quando" ou "por quê" (THUBTEN, 2020).

Em verdade, é maravilhosa a sensação de saciedade, mas viver em uma montanha russa, esperando "picos" de momentos felizes é escravidão, e só nos causa dependência psicológica, estresse e uma falsa ideia de felicidade. Sêneca nos ensina que: "A verdadeira felicidade consiste em usufruir do presente, sem uma ansiosa dependência do futuro". Portanto, o despertar de que a verdadeira felicidade está dentro de nós é libertador. Tal como ocorre quando encontramos o nosso verdadeiro propósito em nossa carreira.

Coaduno com a ideia de que **propósito está intimamente ligado ao protagonismo**. Isso porque se temos consciência do nosso propósito, estamos assumindo a posição de protagonistas da nossa história e não deixando que os outros façam isso por nós.

Propósito é visão. Isso significa que precisamos ter claros propósitos para não cairmos na armadilha da procrastinação, fazendo longas listas do que desejamos (ser, fazer e realizar), mas continuar vivendo exatamente como no passado.

Na minha vida, em particular, sendo estudiosa do desenvolvimento pessoal, e me interessando pela temática há décadas, desde a graduação (2000), quando já realizava pesquisa científica no campo da Sociologia Jurídica, estudando o comportamento das presas em um presídio feminino de Salvador, como também conhecimentos aprendidos na literatura, pesquisa científica, vivências dentro da carreira pública, além da formação em "*Access Consciousness*", criei um método para mentoria educacional, o qual nomeio de método "PRAVIDA", com diversos passos e um mapa do propósito.

A primeira reflexão que proponho para a construção do mapa dos propósitos é: definir com clareza sua visão/missão. E, para isso, você precisa também se perguntar:

1. Quais são meus valores?
2. Quais são meus pontos fortes e fracos?
3. O que é possível fazer para melhorar a cada dia?
4. Estou assumindo o protagonismo da minha vida?
5. Em qual posição da minha carreira eu quero estar dentro de um ano?

Poucas pessoas têm respostas claras para tais questionamentos, mas escrevê-las já nos conduz à fixação dos objetivos. Por isso, antes de responder, sugiro que você reflita calmamente sobre cada pergunta, depois escreva emitindo vibrações positivas, e, por fim, exercite a leitura diária dos seus objetivos. Eis que lhe apresento uma fórmula de sucesso. Mas, para acontecer, você precisa acreditar e agir.

Se estabelecemos metas claras, com organização e propósito, nos tornamos comandantes da nossa vida e passamos a decidir em quais "mares navegar", ainda que sejamos surpreendidos por algumas "tempestades" em nosso caminhar. O que é absolutamente normal, afinal não temos o controle de tudo. Quando decidimos agir como protagonistas da nossa vida e carreira, vibramos com nossas conquistas diárias, aproveitamos os ventos favoráveis do caminho, os que nos levam ao porto, e usufruímos da sabedoria, que é aprender a navegar (VIEIRA, 2021).

Desperte sua consciência para infinitas possibilidades

Nada substitui a descoberta do nosso verdadeiro propósito e, quando isso acontece, inúmeras possibilidades se abrem para nós. Todavia, esse processo não ocorre de uma hora para outra, cada pessoa tem seu momento, como também não podemos nunca esquecer que colhemos hoje o que foi plantado ontem. Nossa vida é reflexo de nossas escolhas.

Quando encontrei o verdadeiro sentido da minha atuação profissional, como servidora pública do Poder Judiciário da União, não só despertou em mim uma felicidade perene em contribuir para a sociedade por meio do meu trabalho, mas também de me conectar com outras pessoas na construção de um sistema de justiça inovador, humanizado e eficiente.

Sempre sonhei em ser servidora pública e tive a grata oportunidade de passar em concursos públicos diferentes e trabalhar em tribunais diversos do país – TJ/BA, TRT16, TRF5, CJF, TRF1 –, conhecendo muitos gestores e métodos de trabalho.

Entretanto, ao longo da minha carreira funcional, só despertei para o poder da inteligência emocional em uma situação de crise, quando me ocorreu grande adversidade no ambiente laboral, não havia ânimo mais em acordar todos os dias e ir trabalhar, estava adoecida, desestimulada, à beira de uma crise de pânico. Poucas não foram as dificuldades encontradas por mim para lidar com as adversidades de um ambiente de trabalho em colapso, sob pressão extrema.

Tem uma frase de Robson M. Souza que gosto muito: "*Quem não sabe fazer gestão, faz pressão*". Não raras as vezes essa situação ocorre no serviço público, sobretudo no Poder Judiciário, em que magistrados e servidores assumem cargos de gestão, com rica bagagem jurídica, mas quase nenhum conhecimento sobre gestão de processos, gestão de pessoas e, muito menos, equilíbrio emocional para lidar com pessoas e situações do dia a dia.

Durante esse momento de crise, percorrido por mim dentro do serviço público, caminhei por algumas fases, às quais acho válido descrever, a começar pela **resistência**, primeira fase. Tal como um pássaro enjaulado, lutando desesperadamente para sair do local que o aprisionaram, essa era minha ideia fixa inicial.

A segunda fase é a **aceitação**, aceitar tudo, sem reclamar, com a falsa ideia mental de que somos resilientes. Ser resiliente não significa ser subserviente. Resiliência é a capacidade das pessoas se manterem equilibradas em situações de adversidade. Observem que, mesmo o trabalhador tentando ser o melhor possível, sob pressão extrema, forças se tornam fraquezas. Ou seja, por mais fortes que as pessoas sejam, trabalhar sob pressão ou fazer pressão para que se trabalhe muito, cada vez mais, são situações que levam o trabalhador ao esgotamento, físico e mental.

E eis que se chega à terceira fase, a do **adoecimento**, físico e mental, fruto da somatização dos problemas. Essa é a fase mais preocupante de todas, pois com o caos laboral instalado, a situação atinge a saúde do trabalhador e doenças diversas começam a surgir.

Transpondo essa fase para minha experiência pessoal, a situação estava delineada da seguinte forma: desistir da minha carreira não era uma opção. Mas, adoecer pela carreira também não. Pois bem, recolhi minhas lágrimas e mudei meu foco de atenção; depositei minha energia e disposição em cursos, ações de capacitação diversas (dentro e fora do tribunal) e tudo que dissesse respeito ao meu desenvolvimento pessoal, como também busquei o primeiro pilar da inteligência emocional: **autoconhecimento**.

Para Daniel Goleman (1996), psicólogo e jornalista científico conhecido pelo seu livro *Inteligência Emocional*, o primeiro passo para entender e praticar as habilidades da inteligência emocional é a busca do autoconhecimento. E assim eu fiz, quebrando o padrão inconsciente de resistência, como também colocando a situação em estado paralelo de entrega. No livro "O Poder do Agora", o autor Eckhart Tolle (2002) explica que para toda situação desagradável e insatisfatória que estamos vivenciando, somente através da entrega, aceitando o momento como ele se apresenta, é possível mudar a vibração da situação, que aos poucos irá se transformando em experiência e inúmeras possibilidades começam a surgir em nossa jornada, como também para a solução do que tem nos causado desconforto. A "ação da entrega" é tão importante quanto a ação do agir, no tempo e momento certo.

Portanto, ao entrar em uma situação desagradável e desconfortável, sobretudo em ambiente laboral, só temos duas opções, ou o problema nos consome, a ponto de adoecermos, e esse caminho pode ser fatal, ou decidimos mudar o foco, abrir as janelas para outras múltiplas habilidades que possuímos e nem sabemos, nos tornando líderes de nós mesmos e, assim, construir um novo e libertador capítulo para nossa história.

Seja protagonista de sua história!

Vivemos uma era de oportunidades sem precedentes, inclusive dentro do serviço público. Entretanto, o que mais se observa no mundo funcional são pessoas com alta qualidade técnica, potencial incrível, mas aprisionadas pela rotina cotidiana, cumpridoras de metas diárias, que estão cada vez mais altas, limitadas pela necessidade do salário mensal, mas devastadas emocionalmente, por um agudo estresse, ou, outras vivendo em estágio de estagnação, em imenso tédio.

Para o servidor público, existe um período muito feliz tão logo ele assume o sonhado cargo público, situação que perdura por alguns anos. Ocorre que, após esse estágio de êxito e realização pessoal, servidores são consumidos pela rotina. Assim, optam pelo caminho mais fácil, ou o possível, normalmente trilhado por outras pessoas, de acomodação, sendo apenas executores de metas, e meros expectadores das mudanças que vêm impostas, de modo verticalizado.

Além disso, observa-se, com raras exceções, que servidores e gestores só despertam atenção para a importância de um projeto de qualidade de vida no ambiente laboral quando adoecidos, ou em situações de crise.

O fato é que apenas inteligência não garante que um profissional tenha sucesso em sua carreira atualmente. Direcionando o olhar para a administração pública brasileira, penso que o servidor deve ser tratado em sua integralidade, sendo imprescindível saber administrar bem a si mesmo, o outro e as situações, principalmente porque exerce um papel importante no exercício de sua função pública, e, não raras vezes, trabalham sob pressão, interna e externa, já que é necessário dar uma resposta célere e eficaz ao cidadão.

Dessa forma, a mente humana deve ser levada mais a sério no mundo do trabalho, principalmente na administração pública, em que o cidadão é nosso usuário externo, e temos o dever de lhe atender com humanidade e empatia.

A inteligência emocional faz parte do processo de gestão da mudança em uma organização, como também da evolução do ser humano, que conduz a separação entre pensamento e consciência. Segundo Daniel Goleman (1996), conhecido pelo seu livro *Inteligência Emocional*, se um líder não possui inteligência emocional, ele pode ter a melhor formação técnica possível, mas, ainda assim não será um bom líder. Essa é a forma mais inteligente de se encontrar felicidade no mundo do trabalho, construindo relacionamentos saudáveis, descobrindo nossos reais propósitos e assumindo o protagonismo da nossa história.

Ser feliz não significa ausência de problemas, mas sim admitir que estes fazem parte da condição natural do ser humano. Portanto, felicidade é um estado mental. E essa é a grande diferença entre as pessoas mais ou menos felizes na sua carreira.

Por fim, ficarei com os ensinamentos de Mário Sérgio Cortella (2016), quando diz que a vida nunca será uma longa viagem, o sucesso é hoje e agora, por isso, *"faz o teu melhor, nas condições que você tem, enquanto você não tem condições de fazer melhor ainda"*.

Desejo a você muito sucesso e protagonismo em sua caminhada, rumo à uma vida mais feliz e plena.

Referências

CORTELLA, M. S. *Qual a tua obra? Inquietações propositivas sobre gestão, liderança e ética*. 23. ed. São Paulo: Nobilis, 2020.

CURY, A. *12 semanas para mudar uma vida*. São Paulo: Planeta do Brasil, 2007.

FERREIRA, L. F. *Construindo equipes de alta performance: melhorando comportamentos e resultados*. Rio de Janeiro: Rio de Janeiro: Qualitymark, 2015.

GOLEMAN, D. *Inteligência emocional*. Rio de Janeiro: Objetiva: 1996.

GOLEMAN, D.; BOYATZIS, R.; McKEE, A. *O Poder da inteligência emocional: como liderar com sensibilidade e eficiência*. São Paulo: Objetiva: 2018.

THUBTEN, G. *Lições de um monge para viver no século 21*. São Paulo: Buzz, 2020.

TOLLE, E. *O poder do agora*. Rio de Janeiro: Sextante, 2002.

VIEIRA, P. *O poder da autorresponsabilidade*. 20. ed. São Paulo: Editora Gente, 2021.